gar

ZEN
IN DER KUNST
DES SINGENS
?

Dieser Roman beruht nicht auf Tatsachen. Namen, Personen, Orte und Handlung sind vom Autor frei erfunden. Irgendwelche Ähnlichkeiten mit tatsächlichen Begebenheiten, Orten oder Personen, seien sie lebend oder tot, sind rein zufällig.

Friedrich Dürrenmatt, Justiz, 1985

Bruno Vittorio Nünlist

gar
───────────────

ZEN
IN DER KUNST
DES SINGENS
?

Aus der Schule geplaudert

EDITION TAMAS BOGA ZÜRICH

Inhaltsverzeichnis

Prolog	7
Einleitung	11
Wer Stimmen heilt, heilt Seelen	17
Vom Atem ausgehend	21
Luft, Konsonant, Vokal, Ton	33
Das geistige Prinzip	45
Und weiter im Takt	67
Durch Kurse zum Meister?	73
Es führen viele Wege nach Rom	85
Nachklang	93
Epilog	97
Anhang	99

PROLOG

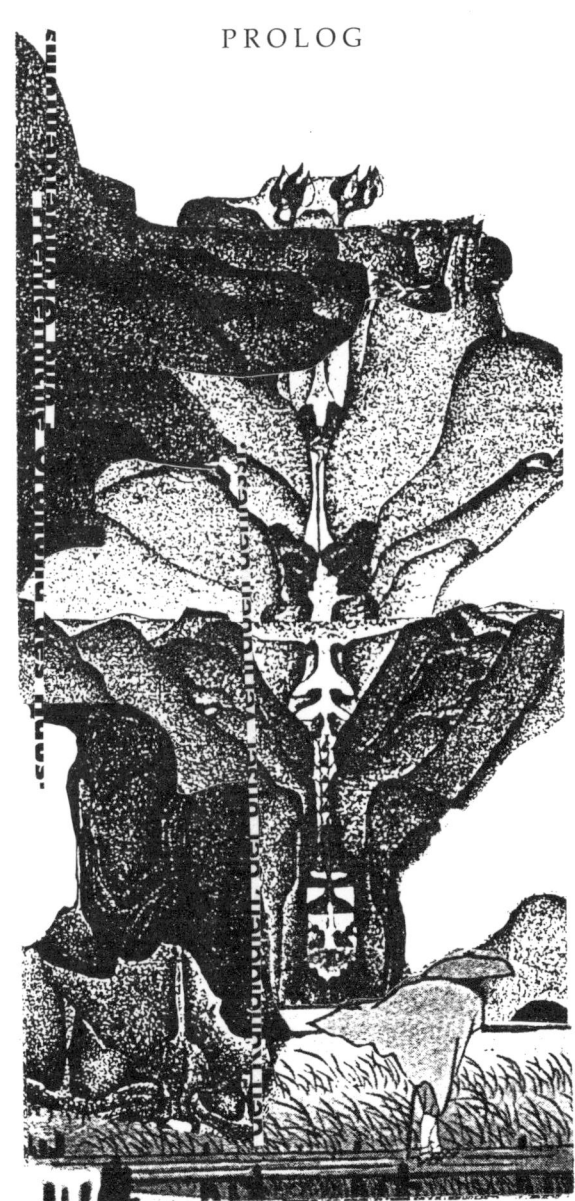

Ein junger Mann kam eines Tages zu einem grossen Meister des Schwertweges um sein Schüler zu werden. Der Meister akzeptierte und trug ihm auf, von dieser Stunde an, jeden Tag, im Walde Holz zu fällen und im Fluss Wasser zu schöpfen.

Der junge Mann tat drei Jahre lang gewissenhaft, wie ihn der Meister geheissen. Schliesslich wagte er aber zu bedenken zu geben, er sei eigentlich gekommen, um die Schwertkunst zu erlernen, doch bis heute habe er noch nicht einmal die Schwelle des *dojo* (der Ort, an dem die Schüler den WEG üben, das heisst die ZEN -Versenkung, za-zen) überschreiten dürfen.

"Also gut", meinte darauf der Meister, "heute wirst du eintreten", und er hiess ihn, dies zu tun. "Und jetzt laufe in dem Raum herum, und zwar immer vorsichtig auf der Kante der tatami-Matten, ohne sie je zu übertreten!"

Mit dieser Aufgabe beschäftigte sich der Schüler ein ganzes Jahr lang, bis er in grosse Wut geriet.

Er gehe, schrie er, nichts von dem habe er bisher gelernt, was zu suchen er letztlich gekommen sei.

Ruhig gab ihm der Meister Antwort, der Tag sei also gekommen, an dem er ihm die höchste Unterweisung geben wolle, und er führte seinen Schüler in die Berge. Alsbald befanden sie sich vor einer Schlucht. Ein einfacher Baumstamm diente als Steg darüber, hinweg über die tiefe Leere.

"Also los, geh hinüber!" sagte der Meister zu seinem Schüler, dem beim Anblick des Abgrundes Angst und Bange wurde. Wie gelähmt blieb er stehen.

In diesem Augenblick kam ein Blinder des Weges. Ohne zu zögern ging er, mit seinem Stock tastend, auf den gebrechlichen Steg zu und schritt ruhig darüber hinweg. Dies genügte, um den jungen Mann jäh erwachen und alle Furcht vor dem Tode verlieren zulassen, und er eilte ebenfalls über die Schlucht.

"Nun hast du das Geheimnis der Schwertkunst gemeistert", rief der Meister ihm hinüber, "du hast dir beim Holzhacken und Wasserholen jeden Tag eine starke Muskulatur erworben, beim aufmerksamen Laufen auf der tatami-Kante hast du die Präzision und Feinheit der Bewegung erreicht, und gerade eben hast du das Ich aufgegeben und die Furcht vor dem Tod überwunden. Geh! Du wirst jetzt überall der Stärkste sein."[1]

EINLEITUNG

Mit sich selbst und seiner Umgebung in Frieden sein setzt einen inneren Frieden voraus. Das ist der Schlüssel für alles andere. Wenn man Seelenruhe besitzt, berühren die äusseren Probleme den tiefen Sinn dieses Friedens nicht, und es wird leichter, auch die schwierigsten Situationen in Angriff zu nehmen.

der vierzehnte Dalai Lama

Richard Strauss sagte schon in der ersten Hälfte unseres Jahrhunderts:
Unsere Zukunft liegt in der Kunst;
ganz speziell in der Musik:
In den Zeiten, in denen die geistigen Güter viel seltener sind als die Materiellen,
und in denen Egoismus, Hass und Neid die Welt erfüllen,
wird die Musik viel zur Wiederaufrichtung der Liebe zum Nächsten beitragen!
Vom Begriff der Nächstenliebe sodann ist es nicht mehr weit zum Begriff "Gott". «Der Mensch bedarf seiner, um nicht verzweifeln zu müssen, die Grausamkeit der Welt aushalten und letztlich seine Todesangst *und* seine Lebensangst überwinden zu können. Doch Gott als eine vom Menschen unabhängige Macht zu sehen, welche ihn beherrscht oder vernichtet, die Macht die sich dem Menschen bald zeigt, bald verbirgt, zu ihm spricht oder auch schweigt. Der Mensch ist von Gott abhängig. Doch das Verhältnis des Menschen zu Gott nur so zu sehen, entspricht einer bestimmten Stufe, auf der der Mensch alles, was den Horizont seiner natürlichen Erfahrung und seines begreifenden Welt-Ichs überschreitet, nach aussen verlegt, in eine jenseitige Transzendenz, die lichte und auch dunkle Seiten, aber jedenfalls uneingeschränkte Macht über ihn hat. Diese Auffassung ändert sich, wenn der Mensch in besonderer Erfahrung erkennt, dass keineswegs alles, was seinen gewöhnlichen Horizont übersteigt, "ausser ihm" sein muss, sondern, dass es eine Wirklichkeit gibt, die zwar seinen natürlichen Horizont transzendiert, ihm aber immanent ist, ja, seinen eigentlichen Kern, sein Wesen, ausmacht. Mit dieser Erkenntnis öffnet sich der Weg zu einer anderen Auffassung des Verhältnisses zwischen dem Menschen und dem göttlichen Sein.»[2]

Der Glaube, der ausgeübte Gesang sei eine grosse Hilfe bei der Suche nach dieser immanenten Wirklichkeit, dem inneren Frieden – so dass ich bisweilen allen Leuten zurufen möchte: «Singt doch, um Gottes Willen!» – veranlassten mich, Erfahrungen über die ersten Schritte auf meinem Weg aufzuschreiben.

Da die Geschehnisse – die zwar nicht zur "grossen Erleuchtung", wohl aber zu einigen Lichtblitzen in der Dunkelheit des Suchenden geführt haben – eng mit einer Frau verbunden sind, deren Name berühmt ist, jedoch nichts zur Sache beitragen würde, nenne ich sie fortan Meisterin oder Frau Professor; dies sicher ganz in fernöstlichem Sinne, wenn man einmal Italien ausser Acht lässt, wo doch für Musikerpersönlichkeiten ungeniert der Begriff Maestro gebraucht wird.

Obwohl von der Meisterin eine Autobiographie existiert, bin ich sicher, mit diesem Büchlein eine ganz andere Ebene anzusprechen. Es zeigt sehr persönlich meine Sicht der Begegnung mit ihr und der Suche nach einem gemeinsamen Nenner aller grossen Kunst, einer Kunst, welche in erster Linie von Können kommt. Die Rohform des Büchleins wurde rechtzeitig zum achtzigsten Geburtstag Frau Professors fertig, und ich druckte zwei Exemplare davon aus und liess sie einbinden.

Etwas bangen Mutes weil wir uns eigentlich getrennt hatten und sie über die Wahl meiner neuen Lehrerin zunächst nicht sehr erfreut war, begab ich mich zum Haus in der Altstadt, wo ich drei Jahre lang ein und aus gegangen war. Natürlich erwartete ich, an dem Jubeltag viele Gäste und festliche Stimmung vorzufinden. Unterwegs traf ich ihren Sohn und wir gingen gemeinsam zu dem Haus, klopften an und traten ein. Es war niemand da. Frau Professor war auf dem Dachboden. In Arbeits-

kleidung mit Kopftuch begrüsste sie uns schallend, sie
müsse die Wäsche noch fertig bügeln, die sie heute morgen gewaschen habe, damit sie sie wegräumen könne.
Wir wüssten doch, bei ihr sei immer alles so ordentlich.
Wir sollten sie dabei unterhalten. Es ist unglaublich, wie
diese kleine und doch so grosse, achtzigjährige Frau
noch zupacken kann! Wenn das Sprichwort: «work is
love, made visible» auf jemanden zutrifft, dann auf sie.
Einmal hatte ich ihr beim Kofferpacken zugeschaut.
Schon damals war ich zutiefst beeindruckt, mit welch
konzentrierter und doch so fröhlich-gelassener Achtsamkeit sie jedes einzelne Wäschestück in den Koffer
legte. Sie ist eine Künstlerin im Leben, doch berühmt
wurde sie durch ihre Kunst des Gesangs.

Ich werde also über das Singen schreiben, und da ich
noch jung bin und auf praktisch keine Bühnenerfahrung
zurückgreifen kann, wird nicht die Interpretation oder
die Deutung von Musikstücken, sondern der Geist des
Gesanges mich beschäftigen. Ich hege nämlich während
der Stunden des Übens mit unserer Meisterin das Gefühl, sie wolle uns nebst Tonleitern, Skalen und Arpeggien eben jenen unfassbaren Geist vermitteln, der bei
ihr selbst zum Finden einer immanenten Wirklichkeit
geführt hat, und den sie wiederum von den Grössten
ihrer Zeit hatte erfahren dürfen.

In einem nächsten Schritt kommen zwei weitere
Maestri zum Zug. Über jede dieser Damen könnte man
ebenfalls Bände schreiben, da auch sie zu den grossen
Hütern der Kunst des Gesangs gehören, doch liegt dies
nicht mehr im zeitlich gesetzten Rahmen, innerhalb
dessen die ursprüngliche Fassung des Büchleins entstanden ist. Wenn es mir damit aber gelingen sollte zu
zeigen, dass "viele Wege nach Rom führen", wäre ich
schon sehr glücklich, negieren doch viele Sänger und

auch Gesangslehrer jeden anderen als den eigenen Weg und beklagen den Untergang der Gesangskunst. Viel wichtiger erscheint mir also die Tatsache, dass dieser Weg – oder ein Weg überhaupt – stattfindet und immer wieder der Mut dazu aufgebracht wird, ihn in aller Konsequenz zu beschreiten.

WER STIMMEN HEILT,
HEILT SEELEN

An sich ist das Wort weniger als der Gedanke, der
Gedanke weniger als Erfahrung

ZEN

Heute, zwanzig Jahre nach Ende ihrer aktiven Konzerttätigkeit, ist Frau Professor in erster Linie eine Lehrende, als solche eine grosse Verfechterin der sogenannten " alten Schule" in der man zuerst "Tonleitern" singen lernt! Die Musik bestehe ja streng ausgedrückt aus "Tonleitern", und wie wolle man etwas interpretieren ohne die entsprechende Grundlage zu beherrschen? Die Grundlage eines Sängers sei zunächst die Beherrschung seines Stimmorgans und seines Körpers. Tatsächlich gibt es Lehrer, welche es fertig bringen, ihren Schülern schon im ersten Studienjahr viel zu schwere Arien vorzulegen. So wird versucht, grosse, gedeckte, erwachsene Stimmen zu "machen". Dadurch werden diese Stimmen viel zu früh allzu grosser Anstrengung ausgesetzt und diese wiederum führt früher oder später zur Krise. Irgendwann merkt der Schüler, dass etwas nicht stimmen kann, und er sucht sich einen neuen Lehrer. Jemandem in einer solchen Situation Rat zu geben ist schwierig. Unter hundert Lehrern ist möglicherweise nur einer für die suchende Person gut. Diesen einen gilt es in dem Bewusstsein zu finden, es müsse beim Lehrer-Schüler-Verhältnis noch viel mehr übereinstimmen als "nur" die zu behandelnde Sache, das Singen. Zudem frage sich der Suchende ganz objektiv und ehrlich sich selbst gegenüber, was er sich überhaupt unter Gesang im allgemeinen vorstelle, und im speziellen unter dem Gesang, den er persönlich anstrebt. Wie musiziert der Lehrer selber? Wie setzt er seine stimmlichen Mittel dazu ein? Wo sind allenfalls schon zum vornherein Grenzen zu sehen oder gar zu hören?

Ich hatte das Glück am vorletzten Meisterkurs unserer Lehrerin aktiv teilnehmen zu können, horchte bei allen Kommilitonen gut hin, verglich mit meinen eigenen

Vorstellungen, was sie bei ihnen und bei mir selbst korrigierte und kam zur Einsicht, dass sie genau das mit Worten auszudrücken vermochte, was ich nur fühlen konnte. Ihre Worte sprachen mir aus dem Herzen. Offensichtlich entsprach Frau Professors musikalische Auffassung meinen bescheidenen Vorstellungen ziemlich gut. Ausserdem hatte ich schon ein Jahr nach Beginn des Studiums mit einem anderen Lehrer bei einigen Passagen Mühe, rein zu intonieren, was ich zu allem Übel selbst nicht hörte. Eine kurze Atemübung, Kopf nach unten, mit der Vorstellung, beim Einatmen einen Katzenbuckel zu machen, um die Flankenatmung zu aktivieren, half Erste-Hilfe-mässig darüber hinweg. Die ganze Klasse bestätigte begeistert. Zu guter Letzt mochte ich unsere Meisterin auch als Person sehr gut. So begann eine fruchtbare Beziehung, die mich komplet verändern sollte, nicht nur als werdenden Sänger, sondern als Menschen.

VOM ATEM AUSGEHEND

Beobachter stellen dabei fest, dass weder die Aus- noch die Einatmung betont ist, sondern beide ausgewogen und ins Gleichgewicht gebracht sind. Das ist die eigentlich geistige Atmung.

Eugen Herrigel
in „Der Zen Weg - Zen ist ewige Wanderung"

Die Grundlage allen Lebens ist der Atem! Der Nenner aller grossen Kunst heisst Beherrschung des Atems! Nach einer der ersten Unterrichtsstunden mit Frau Professor habe ich folgendes resümiert:

Beim "Bel-canto des Wortes"[3] versucht man, wie der Ausdruck es schon sagt, durch das Wort zum Gesangston zu finden. Oft wird aber – umgekehrt – der Stimmklang für einen "Einheitsvokal" gesucht, mit dem nachher, beim Singen, "gesprochen" wird. Man verwendet das Wort "Vokalausgleich" dafür, ohne den Schüler zuvor in den Formvorschriften der Vokale zu unterweisen. Wie aber kann ein Anfänger mit "Klangvorstellungen" arbeiten, ohne zu wissen, wo der Klang überhaupt hin soll? «Die Stimme soll beim Singen wie beim Sprechen gleich angewandt werden», betont unsere Frau Professor. «Von grundlegender Wichtigkeit aber ist eine ausgezeichnete Atemtechnik.»

Man atme ein! Die Luft wird zuerst nach hinten in die Flanken geatmet, indem sich die Bauchdecke – ungefähr zwei Finger breit unterhalb des Bauchnabels, wo sich auch die geistige Mitte des Körpers befindet – durch eine Bewegung nach innen neigt, um wieder, nachdem die hinteren Lungenflügel gefüllt sind, entspannt nach vorne zu kommen. So füllt man auch den vorderen Teil der Lungen. Es soll darauf geachtet werden, immer bei der Tiefatmung zu bleiben! Gleichzeitig zum Atemvorgang muss der Rachen in "Gähnstellung" für den folgenden Vokal vorbereitet werden, respektive der weiche Gaumen gehoben werden. Der Mund soll durch den Gedanken an die erste Konsonant-Vokal-Folge vorgeformt werden. Nur so gelingt der Ansatz auf Anhieb sauber. Der ganze Ablauf muss zuvor mit dem geistigen Auge gesehen werden, um auch während des eigentlichen Vorgangs stets kontrolliert zu bleiben. Beim Ausatmen, respektive dem Gesangsvorgang an sich, geschieht wieder dasselbe: Die Bauchdecke neigt sich nach innen, die Luft kann kontrolliert ausströmen. Alles soll gleichzeitig entspannt wie "breit" gehalten werden, damit die durch die Weite des Brustkorbs herbeigeführte Freiheit des Zwerchfells gewährleistet bleibt. Erst allmählich wird auch die Luft aus den Flanken vollständig verbraucht.

Das Ausatmen verbinden wir mit einem gesprochenen "Es". Selbstverständlich handelt es sich um den Zischlaut "S", der sprechenderweise zum "Es" wird. Somit haben wir notwendigerweise eine natürliche Verbindung aus Vokal und Konsonant. Das Mass der Dinge ist schon in diesem frühen Stadium der hohe Tonsitz. Man muss sich also vorstellen, diese Konsonant-Vokal-Folge sehr hoch zu sprechen, ohne dass damit die eigentliche Tonhöhe gemeint ist. So wird der Schüler gleich zu Anfang in Richtung Mitbeteiligung der Kopfresonanz geführt. Wenn wir unseren Grossmüttern zuhören, stellen wir fest, dass diese mit viel mehr Kopfresonanz sprechen, was heute leider als altmodisch abgetan wird. Für das Erlernen des Gesangs wäre so zu sprechen jedoch ein unüberschätzbarer Vorteil. Eine unbeteiligte oder zumindest wenig beteiligte Kopfresonanz ist beim Singen eine mögliche Ursache eines Intonationsproblems. Für die Tiefe gilt erst recht: Die Obertöne machen die Stimme tragfähig.

Mit dem Ergebnis dieser relativ einfachen Übung ist Frau Professor lange nicht zufrieden. Selbst ein zischendes Ausströmen der Luft will gelernt sein, und so wenden wir nicht nur eine Stunde dafür auf.

Sicher werden wir das Geheimnis, welches Atem heisst, im Verlauf des Buches immer tiefer durchdringen. Folglich: «Im selben Augenblick, da die unteren Bereiche des Atmungsorganes (Zwerchfell—Rücken—

Flanken — Bauchwand) sich anschicken, den Atem in Bewegung zu setzen, ist auch schon durch einen energisch erfolgten Reflex der Kontakt zwischen Atmungsorgan und Kehle hergestellt. Gleichzeitig hat sich der Kehldeckel aufgerichtet, der Kehlkopf ist durch kraftvolle Muskulaturen zwischen oben – unten – rückwärts eingespannt, und er bewirkt durch sich selbst eine Reihe von Vorgängen, deren wichtigste sind: die Stimmfalten werden gedehnt, sie werden gespannt (kontrahiert), sie werden einander genähert und in Schwingung gebracht.»[4] So tönt der ganze Vorgang ein wenig wissenschaftlicher.

Die nächsten Lektionen verbringe ich, immer mit Engelsgeduld der Meisterin rechnend, mit Sprachübungen. Frau Professor verteilt ihren Schülern dazu ein Merkblatt. – Nun habe ich dieses Blatt und die Skizze über die Vokalvorschriften, zugunsten des Sprachflusses beim Lesen, in den "Anhang" des Buches verbannt. Eine Durchsicht empfehle ich speziell wegen der gezeigten Formvorschriften, die wir in jenem frühen Stadium unserer Ausbildung zu erlernen haben, trotzdem. Natürlich besitzt beim Könner jeder Vokal einzelne Färbungen und kleine Schattierungen, die vom Beschriebenen abweichen. Hierauf werde ich ebenfalls gegen Ende des Büchleins eingehen. – Den vom Strom des Atems getragenen und durch die Formvorschriften der Vokale in den Resonanzräumen von Kopf und Körper plazierten Stimmklang, den wir bei den Sprachübungen erhalten, will unsere Lehrerin in Zukunft in der ganzen Skala der "gesungenen" Stimme hören. Wir hätten, ganz einfach ausgedrückt, nicht zwei Stimmen, eine zum Sprechen und eine zum Singen, also müssten wir (wieder) richtig sprechen lernen, und *schliesslich* sei der Gesang nichts anderes als das Sprechen, Sprech-Gesang, wird sie uns immer und immer wieder einschärfen. Vierzig Jahre lang habe sie sich nicht ein einziges Mal einsingen müssen, weshalb sie stets ein gern gesehener Gast in Hotels gewesen sei. Ein paar *Sprach*übungen hätten jeweils genügt, und ihre Stimme sei aufgewärmt gewesen.[5]

Ausdrücklich betonen möchte ich, dies sei kein allgemein gültiges Rezept. Bei weitem nicht. So steht es denn stellvertretend für unsere Meisterin als Ausnahmeerscheinung und gleichzeitig als Plädoyer für resonanz- und konsonanzenreiches, gutes Sprechen. Auch sie musste ihre Art zu sprechen erst erlernen. Das Studium hätte ja insgesamt zehn Jahre gedauert, erzählt sie uns. Sie habe zudem die meiste Zeit im Haushalt ihres Lehrers verbracht und habe morgens und nachmittags Unterricht gehabt. Selbst wenn sie für sich alleine geübt habe – heute schmunzelt Frau Professor darüber –, habe sich der Herr Kammersänger im Nebenzimmer aufgehalten, um von Zeit zu Zeit mit seiner sonoren Bassstimme ein «dumme Gans, falsch!» zu rufen. Es wurde sogar bei Tisch korrigiert, wenn man nicht richtig sprach. Heute ist es kaum mehr vorstellbar, noch im Alter von zwanig Jahren abends um acht Uhr im Bett sein zu müssen. Das gehörte ebenfalls zur strengen Schule, die die absolute Hingabe und eine Disziplin für die Musik und für das Leben zum Inhalt hatte. Schlägt man jedoch in Biographien einstiger grosser SängerInnen nach, scheint solches eher Regel als Ausnahme gewesen zu sein. Die junge Sängerin hatte also das Glück, ihre technischen Fähigkeiten sozusagen mit dem Suppenlöffel eingeflösst bekommen zu haben.

Die Stunde geht weiter: Am Anfang muss die Aussprache der Vokale in ihrer Formvorschrift übertrieben geübt werden; das Wort "übertrieben" ist denn auch nicht präzise, weil man das Üben nie übertreiben kann.

Man soll also über(trieben)-deutlich aussprechen, um später innerhalb des Legatobogens der Musik, die zur Sprache hinzukommt, noch verständlich zu bleiben. Der Satz: *Da du dir den Dank durchdacht, den Dido durch den Dolch erduldet*, sieht in "Form" ausgedrückt also so aus: *lang, lang, breit, breit, lang, lang-lang, breit, breit-lang, lang, breit, lang, breit-lang-breit*. Dabei komme ich mir ziemlich kindisch vor, weil man das Grimmassenschneiden ab einem gewissen Alter tunlichst unterlassen soll ..., und als Folge der für mich neuen Flankenatmung, welche man auch beim Sprechen nie vergessen sollte, leide ich unter Rückenschmerzen. Selbstveständlich seien es lediglich Muskelverspannungen der ungeübten Atmungsmuskulatur, erklärt die Wissende lächelnd. Nach einer Weile und öfterer Übung verschwinden die Symptome tatsächlich wieder.

Endlich kommt zu den Atem- und Sprachübungen das Singen von Tonleitern hinzu: *do, re, mi, fa, sol, la, si, do* innerhalb einer Quinte, «legato und non-legato» ausgeführt. Diese Übung, deren Umfang von der Mittellage her nach oben und unten vergrössert wird, bleibt von nun an ein massgebender Bestandteil unserer Lektionen. Die Meisterin erzählt mir die Geschichte, wie und wo sie selbst sie erlernt hätte. Schwärmerisch berichtet Frau Professor von dem ersten Eindruck, den ihre damalige Lehrerin, eine Frau voller Anmut und Grazie, auf sie gemacht hätte. Schon zum Vorsingen verlangte die Diva eben diese Übung in Halbton-Schrittchen innerhalb der Quinte bis zum dreigestrichenen a! Die junge Sängerin bewältigte dies mit einer stupenden Leichtigkeit, worauf sie gefragt wurde, was sie denn noch lernen wolle. Was sie bereits beherrsche sei geradezu unglaublich. Die Antwort war: «Wissen Sie, heute habe ich die hohen Töne aufgrund meiner Jugend, doch ich möchte ganz genau wissen, wie ich den Körper zu beherrschen habe, um diese Noten auch in späteren Jahren noch singen zu können!» «Molto intelligente, signorina, molto intelligente!» Damit war sie als Schülerin angenommen. Die junge Sängerin übte während insgesamt neunzig Stunden mit ihrer grossen Meisterin die beschriebenen «legato-non-legato» Übungen.

Ich stehe da, fasziniert von der Erzählung, welche die Wichtigkeit der beschriebenen Übung herausstreicht, versuche das Geforderte auszuführen und bin ob der grossen Anstrengung ziemlich verkrampft. Ich dürfe mich nicht so verkrampfen, meint schmunzelnd meine Lehrerin. Sie hat gut Lachen! Versuche ich jedoch mich zu entspannen, fehlt auch dem Ton jegliche Spannung. Ich müsse lernen, «in der Spannung entspannt zu werden»! Wie hat mir das Büchlein über die Japanische Kunst des Bogenschiessens[6] aus dem Herzen gesprochen:

«««Als ich dabei einmal zu meiner Entschuldigung bemerkte, ich bemühte mich doch gewissenhaft darum, gelockert zu bleiben, erwiderte er: «Das ist es ja eben, dass Sie sich darum bemühen, dass Sie daran denken. Konzentrieren Sie sich ausschliesslich auf die Atmung, als ob Sie gar nichts anderes zu tun hätten!» Es dauerte freilich noch eine geraume Weile, bis mir zu erfüllen gelang, was der Meister forderte. Aber es gelang. Ich lernte, mich unbekümmert in die Atmung zu verlieren, dass ich zuweilen das Gefühl hatte, nicht selbst zu atmen, sondern, so seltsam dies auch klingen mag, geatmet zu werden.»»»

Zum Beweis, dass der Nenner aller grossen Kunst beim Atem liegt, möchte ich noch die folgenden Zeilen aus dem eben erwähnten Buch zitieren:

«««Schon beim ersten Versuch mit einem mittelstarken

Übungsbogen merkte ich, dass ich Kraft, ja sogar erhebliche Körperkraft aufwenden musste, um ihn zu spannen. Dazu kommt, dass der japanische Bogen nicht etwa wie der europäische Sportbogen in Schulterhöhe gehalten wird, so dass man sich gleichsam in ihn hineindrücken kann. Er wird vielmehr, sobald der Pfeil eingelegt ist, mit nahezu gestreckten Armen hochgenommen, so dass sich die Hände des Schützen über seinem Kopf befinden. Es bleibt somit nichts anderes übrig, als sie gleichmässig nach rechts und links auseinanderzuziehen, und je weiter sie sich voneinander entfernen, um so tiefer rücken sie, Kurven beschreibend, bis sich die linke Hand, die den Bogen hält, bei ausgestrecktem Arm in Augenhöhe, die rechte Hand des gebeugten rechten Armes dagegen, welche die Sehne zieht, sich über dem rechten Schultergelenk befindet, so dass der beinahe einen Meter lange Pfeil mit seiner Spitze nur wenig über den äusseren Bogenrand hinausragt —so gross ist die Spannweite. In dieser Haltung hat nun der Schütze eine Weile zu verharren, bevor der Schuss gelöst werden darf. Der für diese ungewöhnliche Art des Spannens und des Haltens benötigte Kraftaufwand also brachte es mit sich, dass meine Hände zu zittern anfingen und der Atem schwer und schwerer ging. Auch im Laufe der nächsten Wochen änderte sich dies nicht. Das Spannen blieb eine harte Angelegenheit und wollte trotz eifrigem Üben nicht "geistig" werden. Zum Trost erfand ich mir den Gedanken, es müsse sich dabei um einen Kniff handeln, den der Meister aus irgendeinem Grunde nicht preisgebe, und setzte meinen Ehrgeiz darein, ihn zu entdecken.

Eigensinnig in meinen Vorsatz verbissen, übte ich weiter. Der Meister verfolgte aufmerksam meine Bemühungen, verbesserte gelassen meine gezwungene Haltung, lobte meinen Eifer, tadelte meinen Kraftaufwand, aber liess mich gewähren. Nur rückte er, indem er mir das deutsche Wort "gelockert", das er unterdessen kennengelernt hatte, beim Spannen des Bogens zurief, immer wieder an die wunde Stelle, ohne die Geduld und die Höflichkeit zu verlieren. Aber der Tag kam, an dem ich es war, der die Geduld verlor, und es über mich brachte einzugestehen, dass ich auf die vorgeschriebene Weise den Bogen nun einmal nicht zu spannen vermöge.

«Sie können es deshalb nicht», klärte mich der Meister auf, «weil Sie nicht richtig atmen. Drücken Sie nach dem Einatmen den Atem sachte herunter, so dass sich die Bauchwand mässig spannt und halten Sie ihn da für eine Weile fest. Dann atmen Sie möglichst langsam und gleichmässig aus, um nach kurzer Pause mit einem raschen Zug wieder Luft zu schöpfen — in einem Aus und Ein fortan, dessen Rhythmus sich allmählich selbst bestimmen wird. Bei richtiger Ausführung werden Sie spüren, dass Ihnen das Bogenschiessen von Tag zu Tag leichter fällt. Denn mit dieser Atmung entdecken Sie nicht nur den Ursprung aller geistigen Kraft, sondern erreichen auch, dass diese Quelle immer reichlicher fliesst und um so leichter sich durch ihre Gliedmassen ergiesst, je gelockerter Sie sind.» Wie zum Beweise spannte er seinen starken Bogen und forderte mich auf, hinter ihn tretend, seine Armmuskeln abzutasten. Sie waren in der Tat so spannungsarm, als ob sie keine Arbeit zu leisten hätten.

Die neue Weise der Atmung wurde, zunächst ohne Bogen und Pfeil, so lange geübt, bis sie geläufig geworden war. Die leichte Benommenheit, die sich anfangs einstellte, ward rasch überwunden. Auf die möglichst langsame, dabei stetig dahinfliessende und allmählich siegende Ausatmung legte der Meister so grosses Gewicht, dass er sie zur Einübung und Kontrolle mit einem Summton verbinden liess. Und erst, wenn mit dem letzten Hauche auch der Ton erstorben war, durfte wieder Luft geschöpft werden. Das Einatmen, sagte der Meister einmal, bindet und verbindet, im Festhalten des Atems geschieht alles Rechte, und das Ausatmen löst und vollendet, indem es alle Beschränkung überwindet. Aber das konnten wir damals noch nicht verstehen.»»

Diejenigen unter den Lesern, welche sich schon einmal in irgendeiner Weise mit dem Gesang beschäftigt haben, werden sich im Zitierten wohl auch bestätigt finden. Mir jedenfalls sprachen die Erfahrungen des Autors aus dem Herzen, denn ähnlich geht es wohl jedem, der eine Kunst *wirklich* erlernen will.

In den ersten Stunden mit Frau Professor wurde mir auf einmal fast schmerzlich bewusst, dass ich noch überhaupt nichts vom Singen verstünde und wir wieder ganz von vorne beginnen müssten. Sich jetzt einzugestehen, dass alle bisher erzielten, wenn auch nur unbedeutenden Erfolge, nichts, aber auch gar nichts Wert seien, ist nicht leicht. War bis anhin alles mehr oder weniger intuitive Musikalität gewesen, wäre nun folgendes zu bedenken:

«Um wirklich Meister zu sein, genügt technische Kenntnis nicht. Die Technik muss überschritten werden, so dass das Können zu einer "nichtgekonnten Kunst" wird, die aus dem Unbewussten erwächst. Dieser Zustand der Unbewusstheit wird aber nur erreicht, wenn ich von meinem Selbst vollkommen frei und gelöst bin, wenn ich eins bin mit der Vollkommenheit meiner technischen Geschicklichkeit.»

Das Vermögen wiederum, die kleinsten körperlichen Zusammenhänge, die schliesslich und endlich zum Gesang führen, klar sehen zu lernen, sollte ein Lehrer seinen Schülern zu vermitteln imstande sein.

LUFT, KONSONANT, VOKAL, TON

Mit den Ohren sehen, mit den Augen hören

ZEN

Den Atemvorgang habe ich im vorangegangenen Kapitel beschrieben. Nach zwei Jahren habe ich endlich das Gefühl, der Zustand der "Unbewusstheit" stelle sich bisweilen ein, doch den Atem wirklich zu beherrschen, davon kann noch längst keine Rede sein.

Ziel des Lernens auf einer weiteren Stufe ist es, die Konsonanten-Sprache so auszubilden, dass der Konsonant den Atem-Vokal-Ton-Fluss nicht behindert, sondern, im Gegenteil, diesen unterstützt. Unsere Atemtechnik sei mit der Bogentechnik des Geigers vergleichbar; der Bogen müsse bei ihm stetig "dahinfliessen", während die Finger die eigentliche "Arbeit" erledigten. Ähnlich dieser Fingerarbeit müsse bei Sängern die Fertigkeit der Zungenspitze (für die Prägnanz der Konsonanten) und der Lippen (für die Aussprache im allgemeinen) sein, meint unsere Meisterin anhand dieses trefflichen Vergleiches. Während der Geiger die Bogen- und die Fingertechnik gegenseitig ergänzen und in Einklang bringen muss, so hat der Sänger die gleiche Aufgabe in bezug auf Atem- und Sprechtechnik. Frau Professor betont in diesem Zusammenhang immer wieder ihre Auffassung von der Reinheit, Klarheit und Helligkeit, die die Gesangssprache besitzen müsse: «Es gibt keine dunklen Vokale! Wenn wir nachts um zwei Uhr, wenn es uns Menschen draussen am dunkelsten erscheint, zum Himmel emporschauen, ist es gar nicht dunkel, wir empfinden es lediglich so.»

Es funkeln auf mich alle Sterne,
mit glühendem Liebesblick,
es redet trunken die Ferne,
wie von künftigem, grossem Glück.» [7]

Hier ist es Nacht, aber die Dunkelheit ist durch den Text und dessen Nachempfindung in der Komposition anders empfunden, als wenn ich zu singen habe:

Dunkel, wie dunkel,
in Wald und in Feld,
Abend schon ist es,
nun schweiget die Welt.
Nirgend noch Licht
und nirgend noch Rauch,
ja, und die Lerche,
sie schweiget nun auch. [8]

Die ganze Stimmung in der Musik, in den Worten, ist anders gezeichnet als im ersten Beispiel. Ich muss also "dunkel", dunkel aus Wahrheit, als dunkle Gegebenheit empfinden, jedoch nicht versuchen, es technisch noch dunkler zu machen. «Man sollte nie die Klarheit der Stimme verlassen um ein Wort dunklen Inhalts zu singen!», meint unsere Meisterin. Die Diva des Jahrhunderts, zum Beispiel, hat dies um des Ausdrucks Willen getan und hat sich die Stimme sehr schnell ruiniert. Als grosser Verehrer dieser Künstlerin bin ich fasziniert, wie sie ihre stimmlichen Mittel eingesetzt hat, doch was ist ein Künstler ohne seine Kunst? Ein Sänger muss in jedem Fall davon ausgehen, früher aufhören zu müssen, als ein anderer Musiker, so sollte er doch bestrebt sein, sich eine Technik anzueignen und Gesetzen zu folgen, die es ihm erlauben, seine Kunst so lange wie möglich gut auszuüben.

Die Klarheit und Leichtigkeit der Stimme zu entwickeln, beginnt in der schon oben erwähnten *"do, re, mi, fa, sol, la, ti, do* -Übung". Immer und immer wieder wird Frau Professor sie unterbrechen, wenn der Ansatz nicht präzise genug ist. Der Ansatz sei überhaupt das Wichtigste. Im untersten Ton müsse der ganze Klang des obersten Tons schon vorhanden sein. Wenn der oberste Ton der Tonleiter nicht gelingt, liegt es nicht an ihm, sondern am Ansatz des untersten Tons. Die Konsonanten müssen kurz und präzise sein – d, r, s, l und f dürfen nur mit der Zungenspitze gebildet werden, welche unmittelbar oberhalb der Zahnwurzeln angesetzt wird, um nach der Aussprache des Konsonanten in ihre ruhige, flache Position im Mund zurückzufallen, damit der Atemstrom der Vokale nirgends behindert wird. M, f, w beispielsweise sind Lippen-Konsonanten. Diese müssen mit der Oberlippe gebildet werden, und am besten stellt man sich eine direkte Verbindung der oberen Lippe zum weichen Gaumen vor, welcher bereits in seiner gehobenen, respektive der "Gähn"-Stellung sein soll. Das Ganze wird noch wesentlich leichter, wenn man sich überdies vorstellt, man schnuppere an einer Blume, weil sich dabei die Nasenflügel blähen und der weiche Gaumen von selbst sich hebt und breitet.

Zur Übung kann aber noch folgendes empfohlen werden: Man beuge den Rumpf nach vorne abwärts, die Knie bleiben gestreckt, man atme ein, merke sich dabei, wie man wegen der Stellung automatisch nach hinten in die Flanken atmet und der Rest der Luft wie von selbst "in den Bauch" strömt und beginne, wie beschrieben, eine Vokalise zu singen. Weil der Kopf nach unten schaut, bewirkt die Schwerkraft der Erde, dass der weiche Gaumen gar nicht anders kann als "in den Kopf hinein zu fallen". (Viele Schüler erhalten dadurch überhaupt erst einen Eindruck von der Kopfresonanz, die beim Gesang unerlässlich ist.) Alle Funktionen soll man genau betrachten, die Stellungen sich merken, man soll ein inneres Auge für alle Vorgänge entwickeln, denn nur so kann das Erlernte später auch umgesetzt und wiedergegeben werden.

«Mit den Augen hören, mit den Ohren sehen», betont unsere Meisterin immer und immer wieder.

Nach geraumer Zeit und stetigem Üben wird der Schüler merken, dass der Konsonant für den Ansatz des Tons tatsächlich eine grosse Hilfe sein kann und genau so, wie Konsonant und Vokal zusammenspielen müssen, muss der Atem damit eine absolut harmonische Verbindung eingehen. Ich müsse mir vorstellen, den Atem beim "Central" zu holen. "Das Central" ist ein Platz in unserer Stadt, jenseits des Flusses, den man aus Frau Professors Wohnung sieht. Er wird während der Jahre des Unterrichts das Symbol für die Ferne sein, aus der man den Atem holt und wohin man ihn während des Singens auch wieder gibt. Hat man also eingeatmet, so geschieht der Ansatz des Tons, in der Reihenfolge *Luft, Konsonant, Vokal, Ton,* indem die Bauchdecke einen präzisen, aber sanften Akzent nach innen gibt. Geschieht dies nicht im harmonischen Verhältnis aller Reflexe zueinander, so ist die ganze Tonleiter schon verpatzt. Ein einfaches Ausprobieren gibt es bei unserer Meisterin nicht. Man muss den ganzen komplexen Vorgang zu Beginn genau vor Augen haben – dann klappt es. Besteht jedoch eine geringe Lücke im Ablauf der Konzentration, wird Frau Professor es hören und unterbrechen.

Ein Beispiel: «Ein Tuschemaler nimmt vor seinen Schülern Platz. Er prüft die Pinsel und legt sie bedächtig bereit, reibt sorgsam Tusche, rückt die lange schmale Papierbahn, die vor ihm auf der Matte liegt, zurecht, um dann endlich, nach längerem Verweilen in tiefer Konzentration, in der er wie unberührbar erscheint, aus raschen, unbedingt treffsicheren Strichen ein Bild entstehen zu lassen, das keiner Korrektur mehr fähig und bedürftig, den Schülern als Vorlage dient.»

Es vergehen einige Monate bis die Meisterin damit

zufrieden ist. Dann lernen wir eine andere sehr wichtige
Übung kennen: *u-i-a-i-u*. Diese Vokalfolge wird ohne
Intervalle gesungen und dient zur "Ruhe des Atems". Es
ist auch die erste Übung, welche keine Konsonanten
kennt. Ein grosser Atemzug – *u*... Schon winkt Frau
Professor ab. Sie ist nicht zufrieden mit der Höhe des
Sitzes, das heisst mit der Reinheit des Tons. Ein Ton wird
umso reiner empfunden, desto mehr Obertöne in ihm
mitschwingen. Das ist das Ziel unserer Bemühungen.
Ich benutze also einen Konsonanten vor dem ersten *u*,
aus dem nun ein *lu* wird; es könnte auch *ru* oder *mu*
sein... Der Konsonant, welcher vom Atem getragen ist,
wird "höher" sein, als der natürlicherweise darauffol-
gende Vokal. Er hilft also dem Vokal, den richtigen Sitz
zu erlangen. Endziel wird, wie gesagt, eine absolute
Harmonie zwischen Konsonanten und Vokalen sein,
welche sich gegenseitig nicht behindern, sondern ergänzen und unterstützen sollen. – Jetzt ist Frau Professor
mit dem *u* zufrieden. Beim Wechsel zum *i* besteht die
Gefahr, auch die innere Mundstellung, das heisst, die
Stellung des weichen Gaumens, zu verändern. Man
muss sich diesen Vokalwechsel auf der gleichen Tonhöhe, jedoch noch höher im Sitz vorstellen, um der
Gefahr des Nachlassens der – entspannten! – Spannung
des weichen Gaumens entgegenzuwirken. Atem-
technisch soll ein Impuls gedacht werden, als ob jeder
Vokal neu angesetzt würde. Dies spielt sich wieder
einmal nur auf gedanklicher Ebene ab. Man soll keinen
"Impuls" mit der Bauchdecke *machen*. So gibt es tausend
Dinge, die allein auf gedanklicher Ebene eine Verände-
rung hervorrufen, auch im Ausdruck, ohne dass konkret
ein physischer Vorgang daran mitbeteiligt sein muss. Ich
erinnere an das erwähnte Beispiel der verschieden emp-
fundenen "dunkel". – Die "*u-i-a-i-u*- Übung" ist wahr-

scheinlich die Anstrengendste von allen. Der Stimmumfang, innerhalb dessen sie ausgeführt werden kann, wird am Anfang sehr begrenzt sein. Es passt aber insofern ins Konzept, als unsere Technik grösstes Gewicht auf die Mittellage legt. Grenzbereiche werden erst allmählich aufgesucht. Man müsse eine verlässliche Mittellage entwickeln, woraus sich Höhe und Tiefe allmählich von alleine ergäben, meint Frau Professor.

Während zweier Jahre singen wir ausschliesslich Vokalisen. Man lernt feinste Nuancen als Hindernis erkennen und verbessern; man muss alles sehend, bewusst ausführen und trotzdem *es* werden lassen.

«"Der rechte Schuss im rechten Augenblick bleibt aus, weil Sie nicht von sich selbst loskommen. Sie spannen sich nicht auf die Erfüllung hin, sondern warten auf Ihr Versagen. Solange dem so ist, bleibt Ihnen keine andere Wahl, als ein von Ihnen unabhängiges Geschehen selbst hervorzurufen, öffnet sich Ihre Hand nicht in der rechten Weise — wie die Hand eines Kindes; sie platzt nicht auf, wie die Schale einer reifen Frucht.» Ich musste dem Meister eingestehen, dass diese Deutung mich noch mehr verwirrte. «Denn schliesslich», gab ich zu bedenken, «spanne ich den Bogen und löse ich den Schuss, um das Ziel zu treffen. Das Spannen ist also Mittel zum Zweck. Und diese Beziehung kann ich nicht aus dem Auge verlieren. Das Kind kennt sie noch nicht, ich aber kann sie nicht mehr ausschalten.» «Die rechte Kunst», rief da der Meister aus, «ist zwecklos, absichtslos! Je hartnäckiger Sie dabei bleiben, das Abschiessen des Pfeiles erlernen zu wollen, damit Sie das Ziel sicher treffen, um so weniger wird das eine gelingen, um so ferner das andere rücken. Es steht Ihnen im Wege, dass Sie einen viel zu willigen Willen haben. Was Sie nicht tun, das, meinen Sie, geschehe nicht.»»

Vor kurzem lauschte ich im Rahmen einer Schubertiade dem öffentlichen Gespräch zweier bedeutender Protagonisten über das Singen. Sie sprachen darüber, ob man sich des Publikums als Ziel des Vortrages bewusst sein sollte oder eben nicht. Die Sängerin meinte daraufhin, sie habe immer versucht, nur dem Werk zu dienen und nicht dem Publikum.

Als nächstes greifen wir wieder die "Legato-non-Legato Übung" auf, welche wir vorher nur innerhalb der Quinte geübt hatten. Sie wird nun auf die Oktave ausgedehnt. Kaum merkbar führt Frau Professor immer schwierigere Übungen ein. Darin ist die Kürze und die Leichtigkeit jedes einzelnen Tones noch wichtiger als je zuvor. Nochmals: Der richtig angewandte Konsonant unterstützt den Vokal in der Höhe des Ansatzes. Beide müssen prägnant und leicht sein. Kürzlich habe ich dieses Prinzip während einer äusserst steilen Bergwanderung ausprobiert. Nach geraumer Zeit des Anstiegs kam ich mir viel zu schwerfällig vor. Weil ich überdies keine Geduld hatte, aus dem herbstlichen Nebel hinaus zur Sonne zu gelangen, dachte ich mir jeden Schritt kurz und leicht, genau so, wie ich es bei meinen Tonleitern zu lernen hatte. Natürlich staunten alle, wie ich mit einem Mal davonrannte. Ich hatte am Schluss zwanzig Minuten Vorsprung! Das Erstaunlichste für mich war, dass ich mitunter nicht das Gefühl von grösserer Anstrengung wegen des eigentlich hohen Marschtempos hatte. Demnach gelang es mir bisweilen, die Bürde meiner selbst hinter mir zu lassen. Zwar lag, oben angekommen, die Nebelgrenze noch höher, die ersehnte Sonne liess sich den ganzen Tag nicht blicken. Immerhin, die Erfahrung daraus war für das Singen wie für die Lebenseinstellung sehr wichtig. Natürlich kann es einem nicht immer gelingen, eine solche Haltung zu verwirklichen, doch jeden Tag ein paar Minuten werden sich nach einiger Zeit positiv auswirken!

Auch dafür und immer wieder heisst das Thema: *Atem*. Ich müsse mir ein Mühlrad vorstellen, das im Bach Wasser schöpfe, es in runder Bewegung hochtrage und in ein und derselben Bewegung oben wieder ausschütte. Ich dürfe nach dem Atemholen mit dem Tonansatz nicht warten, da er sonst schon arretiert sei; es müsse ein stetes Nehmen und Geben werden, meint die Meisterin tagtäglich. Um es mit andern Worten auszudrücken: «Sie spannen sich nicht auf die Erfüllung hin, sondern warten auf Ihr Versagen.» «Sie können es von einem gewöhnlichen Bambusblatt lernen, worauf es ankommt. Durch die Last des Schnees wird es herabgedrückt, immer tiefer. Plötzlich rutscht die Schneelast ab, ohne dass das Blatt sich gerührt hätte.» Das ist der Ansatz zu einer jeden Phrase.

Auch Frau Professor ist eine strenge Lehrerin und natürlich ist nicht jeder Schüler gewillt, eine solche Schule zu durchlaufen. Ihre "Gesangsbibel", das "Belcanto des Wortes" hat darauf eine gute Antwort: «In der Gesangspädagogik könnte man sagen, es gäbe nur gute Hörer. Der Schüler nämlich, der bei einem Lehrer studiert, dessen ästhetisches Tonideal auf einem tiefen Niveau steht und dies nicht merkt, der wäre auch bei einem besseren Lehrer nicht weiter gekommen. Wer wiederum bei einem Lehrer studiert, dessen Tonideal so hoch steht, dass der Schüler dies nicht nachzuempfinden vermag und dadurch den Lehrer nicht befriedigen kann, der kommt ebenfalls nicht weiter. Er fühlt sich wohler bei einem Lehrer, dessen Tonideal weniger hoch steht, und glaubt, da er diesen Lehrer mehr zu befriedigen vermöge, auch besser vorwärtszukommen, was sich aber oft als Vogel-Strauss-Intelligenz erweist. So soll der Schüler, mehr für den sinnlichen Ton und dessen Technik schwärmt, einen seinem Geschmack entsprechenden Lehrer wählen. Er bereitet sich dann in richtiger Weise für das Publikum vor, dessen Beifall er wünscht. Wer dagegen einen Ton sucht, der mit grösster Einfachheit aus der Seele eines echten Menschen hervorquillt, hört und arbeitet anders. Ein solcher Sänger wird auch zu einem individuellen Vortrag gelangen und sich nicht auf das traurigste aller Vortragsmittel, die Imitation, beschränken.»

Vor geraumer Zeit sah ich in der Fernsehsendung "Wortwechsel" die Sängerin, die vorher schon im Zusammenhang mit dem Werk als Ziel des Vortrags erwähnt wurde. Heute ist auch sie Professorin und fühlt sich verantwortlich für die Substanz der Kunst, insbesondere natürlich der Gesangskunst. Als Untertitel der Sendung war der Spruch: «Kunst muss aristokratisch sein» eingeblendet. Sicherlich könnte man über Begriffe wie "elitär" oder "aristokratisch" im Zusammenhang mit der Kunst streiten. Das will ich nicht. Vielmehr möchte auf die Möglichkeit hinweisen, die gemeinte "Aristokratie" könne einer inneren Haltung entsprechen, die im Laufe der Zeit durch die Beschäftigung mit der Substanz der Kunst erlangt werden könne. So gesehen kann ein Künstler im Leben durchaus "aristokratische" Züge aufweisen, was ihn, vielleicht, für seine Umgebung weltfremd erscheinen lässt.

Unserem Bogenschützen geht es ähnlich, wenn der Meister ihn mahnt: «Nur auf eines muss ich Sie vorbereiten. Sie haben sich im Laufe dieser Jahre verändert. Dies bringt die Kunst (des Bogenschiessens) mit sich: eine bis in letzte Tiefen reichende Auseinandersetzung (des Schützen) mit sich selbst. Sie haben es bisher wahrscheinlich kaum gemerkt, werden es aber unweigerlich spüren, wenn Sie in der Heimat Ihren Freunden und Bekannten wieder begegnen: Es klingt nicht mehr wie früher zusammen. Sie sehen vieles anders und messen mit anderen Massen. Auch mir ist es so gegangen, und jedem steht es bevor, der vom Geist dieser (*der*) Kunst angerührt ist.»

DAS GEISTIGE PRINZIP

Tchang-Tsi

Der Einsame im Herbst*

Herbstnebel wallen bläulich überm See;
vom Reif bezogen stehen alle Gräser.
Man meint, ein Künstler habe Staub von Jade
über die feinen Blüten ausgestreut.

Der süsse Duft der Blumen ist verflogen,
ein kalter Wind beugt ihre Stengel nieder.
Bald werden die verwelkten goldnen Blätter
der Lotosblüten auf dem Wasser ziehn.

Mein Herz ist müde. Meine kleine Lampe erlosch
mit Knistern, es gemahnt mich an den Schlaf.
Ich komm' zu dir, traute Ruhestätte!
Ja, gib mir Ruh! Ich hab' Erquickung not!

Ich weine viel in meinen Einsamkeiten,
der Herbst in meinem Herzen währt zu lange.
Sonne der Liebe willst du nie mehr scheinen,
um meine bittern Tränen mild aufzutrocknen?

* Vertont in
Gustav Mahlers "Lied von derErde"

«Das Wissen um die Notwendigkeit einer ganzheitlichen Arbeit scheint seit der Mitte des 19. Jahrhunderts, als wissenschaftliche Methoden zur Erforschung der Stimme immer populärer wurden, weitgehend in Vergessenheit geraten zu sein. Nicht zufällig beklagt man seit dieser Zeit das Ende des "Goldenen Zeitalters" der Stimme.»[9]

Ich möchte in diesem Kapitel bewusst die technische Grundlage des Singens von der späteren Verwendung zur eigentlichen Werk-Interpretation trennen: Die singende Stimme ist eine ganz spezifische Qualität. Sie ereignet sich schon in einem einzelnen Ton und hat mit Musik erst etwas zu tun, wenn sie in deren Dienst gestellt wird. Als Lebenshilfe und Mittel zum Zweck, welcher wiederum absichtslos, gar zwecklos ist, als kunstlose Kunst. Zur Veranschaulichung dieser Dimension, die sich mir als Lernender bei Frau Professor eröffnete, möchte ich erneut zitieren:

««Zen ist "das tägliche Bewusstsein", wie Baso Matsu (gestorben 788) es ausdrückt. Dieses "tägliche Bewusstsein" ist nichts anderes als "schlafen, wenn man müde ist, essen, wenn man hungert". Sobald wir nachdenken, überlegen und Begriffe bilden, geht das ursprünglich Unbewusste verloren und ein Gedanke taucht auf. Wir essen nicht mehr, wenn wir essen, schlafen nicht mehr, wenn wir schlafen, (...). Der Mensch ist ein denkendes Wesen, aber seine grossen Werke werden vollbracht, wenn er nicht rechnet und denkt» (darf ich bei all' dem an Mozart denken? [Anm.d.A.]). «"Kindlichkeit" muss nach langen Jahren der Übung in der Kunst des Sich-Selbst-Vergessens wieder erlangt werden. Ist dies erreicht, dann denkt der Mensch und denkt doch nicht. Er denkt wie der Regen, der vom Himmel fällt; er denkt wie die Wogen, die auf dem Meere treiben; er denkt wie die Sterne, die den nächtlichen Himmel erleuchten; wie das grüne Laubwerk, das aufspriesst unter dem milden Frühlingswind. Er ist in der Tat selbst der Regen, das Meer, die Sterne, das Grün. Hat der Mensch diese Stufe der "geistigen" Entwicklung erreicht, ist er ein Zenmeister des Lebens. Er bedarf nicht wie der Maler Leinwand, Pinsel und Farben. Er bedarf nicht wie der Bogenschütze Bogen, Pfeil und Scheibe oder anderer Ausrüstung. Er hat seine Glieder, seinen Körper, Kopf, Stimme und ähnliches. Sein Zenleben drückt sich durch alle diese "Werkzeuge" aus, die wichtig als seine Erscheinungsformen sind. Seine Hände und Füsse sind die Pinsel, und das ganze Weltall ist die Leinwand, auf der er sein Leben siebzig, achtzig, neunzig Jahre lang aufmalen wird. Dieses Bild wird "Geschichte" heissen.»»[10]

Wenn man all das bedenkt, und es gibt zahlreiche, auch westliche Künstler, die das geistige Prinzip in ihrer Kunst tatsächlich beherrschen und danach leben, so sollten jene in unserem wirtschaftlichen und politischen System, welches wir "Kultur" nennen, dringendst ein weiterreichenderes Mitspracherecht erhalten. Wäre es nicht tatsächlich die so definierte Kunst, deren wir uns viel zu wenig bewusst sind, welche uns in unserer krisengeschüttelten, vom Geld regierten Welt wieder etwas Lebensphilosophie und damit auch Lebensqualität vermitteln könnte? Damit die Kunst diese Botschaft überbringen kann, muss sie zwecklos/absichtslos bleiben können. Sie muss eine ruhende Insel im Meer unseres Chaos', genannt Welt, bleiben können. Sie muss aus sich selbst heraus wachsen und sich nicht schon zum vornherein am Markt anlehnen oder ausrichten. Die Kunst darf und kann sich nicht nach den selben Regeln ereignen wie der Rest unseres heutigen Lebens. Kunst drückt eine Gesamtheit aus, sie drückt Gefühle aus. Jeder früheren westlichen "Kultur" war die Kunst, respektive das damit verbundene kulturelle Leben heilig oder mindestens heiliger, als es uns heute ist.

Daisetz Teitaro Suzuki (1869 – 1966), noch immer die grösste Autorität auf dem Gebiet des Zen-Buddhismus, vergleicht Ost und West anhand von zwei Dichtern: Basho (1644 - 1694) und Lord Alfred Tennyson (1809-1892).

Wenn ich aufmerksam schaue
Seh' ich Nazuna
An der Hecke blühen!

«»«Ein Gedicht aus siebzehn Silben; wahrscheinlich ging Basho eine Landstrasse entlang, als er etwas bemerkte, das unscheinbar an der Hecke stand. Er näherte sich, sah genau hin und fand, dass es nichts als eine wilde Pflanze war, die recht unbedeutend ist und für gewöhnlich von Vorübergehenden nicht beachtet wird. Es ist eine einfache Tatsache, die in dem Gedicht beschrieben wird, ohne dass dabei ein besonders poetisches Gefühl zum Ausdruck kommt, ausser vielleicht in den letzten beiden Silben, die auf japanisch »kana« lauten. Diese Partikel, die häufig an ein Hauptwort, ein Adjektiv oder ein Adverb angehängt wird, drückt ein gewisses Gefühl der Bewunderung, des Lobes, des Leidens oder der Freude aus und kann manchmal in der Übersetzung ziemlich treffend durch ein Ausrufungszeichen wiedergegeben werden. Im vorliegenden "Haiku" endet der ganze Vers mit einem solchen Ausrufungszeichen.

Tennysons Gedicht ist dem Bashos nahe verwandt, wenn er schreibt:

Blume in der geborstenen Mauer,

Ich pflücke dich aus den Mauerritzen,
Mitsamt den Wurzeln halte ich dich in der Hand;
Kleine Blume — doch wenn ich dich verstehen könnte,
Was du mitsamt den Wurzeln und alles in allem bist,
Wüsste ich, was Gott und Mensch ist.

In diesen Zeilen ist bemerkenswert: Tennyson pflückt die Blume, hält sie "mitsamt den Wurzeln" in der Hand und betrachtet sie wohl mit Aufmerksamkeit. Höchstwahrscheinlich hatte er ein ähnliches Gefühl wie Basho, als er die Nazuna Blume an der Hecke am Wegrand entdeckte. Aber der Unterschied zwischen den beiden Dichtern besteht darin: Basho pflückt die Blume nicht, er betrachtet sie nur. Er ist in Gedanken versunken. Er fühlt etwas in seinem Innern, aber er spricht es nicht aus. Er lässt ein Ausrufungszeichen alles sagen, was er sagen will; denn er hat keine Worte; sein Gefühl ist zu voll, zu tief, und er hat nicht den Wunsch, es in Begriffe zu fassen. Tennyson hingegen ist aktiv und analytisch. Als erstes pflückt er die Blume von der Stelle, wo sie wächst. Er reisst sie aus ihrem Nährboden. Ganz anders als der östliche Dichter lässt er die Blume nicht in Frieden. Er muss sie "mitsamt den Wurzeln" aus der geborstenen Mauer reissen, was bedeutet, dass die Pflanze sterben muss. Offenbar ist ihm ihr Schicksal gleichgültig; seine Neugier muss befriedigt werden. Wie gewisse Mediziner viviseziert er die Blume. Basho berührt die Nazuna nicht einmal, er betrachtet sie nur, er schaut sie "aufmerksam" an, weiter nichts. Er ist vollkommen passiv, ein guter Kontrast zu Tennysons Aktivismus…»»[11]

Anhand dieser zwei Beispiele aus der Dicht*kunst* konnte Suzuki also hervorragend die unterschiedlichen Denkweisen der so verschiedenen Kulturen reflektieren. Karl Dedecius, der Träger des Friedenspreises des Deutschen Buchhandels 1990, streicht jedoch in seiner Rede zur Verleihung des Preises heraus, wie gedankenlos der Sprachgebrauch heute sei: «Kultur? Diese genügt uns als Wort und Begriff schon lange nicht mehr. Wir machen aus ihr die Kultur-Szene (Musik-Szene, Literatur-Szene), werfen diesen ganzen Kultur-Brei noch mit der Pop- und Rock-Szene, mit der Terroristen- und Drogenszene in einen Topf, als ob alles, was Kultur (oder Unkultur) den arg trapazierten Sinnen heute zu bieten oder zuzumuten hätte, nur noch Szene, Spektakel, Schaustellerei Mummenschanz und Kulissenzauber wäre. Und die Kultur selbst? Sie verkümmert dabei zum Streitobjekt und zum Hort permanenten Unfriedens.» Oder die Kultur der Sprache: Unlängst hörte er, sagt Dedecius ebenfalls in der erwähnten Rede, «in den Tagesthemen Spitzendiplomaten zweier für das Schicksal Europas höchst zuständiger Staaten über die Zukunft und den Frieden sprechen. Der eine sagte zu dem anderen, er habe selbstverständlich «die Abrüstung im Visier». Nicht im Auge, nicht im Sinn — im Visier. Ist das nun tröstlich oder bedenklich?»[12]

Ich meine also nicht die treffendst beschriebene "Unkultur", wenn ich weiterfahre: Die Kultur sollte unser Gewissen sein, aber sie ist heute arg strapaziert. Wir pflücken sie aus der Mauer und vivisezieren sie zwecks Optimierung, sprich Kommerzialisierung des Ganzen.

Ein anderes Beispiel: Kürzlich entdeckte ich in einer deutschen Finanzzeitung ein Inserat einer Bank mit folgendem Wortlaut: «Zuhören können ist für unseren Financial Consultant das wichtigste Kapital. Unser Financial Consultant kann etwas, was nicht jeder kann. Er kann schweigen. Und dieses Schweigen kann ein Vermögen wert sein: nämlich Ihr Vermögen. Denn nur wer zuhören kann, kann Sie verstehen, ein Gespür für Ihre Wünsche entwickeln, individuelle Anlage-Strategien konzipieren und in Ihrem Sinne handeln. Es ist also nicht die englische Schreibweise, die unseren Berater von anderen unterscheiden soll. Es ist seine Persönlichkeit und die Philosophie des Unternehmens, für das er arbeitet.» Ins Inserat eingefügt war ein wunderbares Bild eines Zen-Mönches meditierend vor den berühmten Zen-Steingärten.— Einen Tag später fand ich unter dem Titel: «Die Kunst der Darstellung» im Geschäftsbericht des Jahres 1990 einer grossen schweizerischen Versicherungs-Gesellschaft eine Seite mit der Abbildung desselben Zen-buddhistischen Steingartens ("Kare sansui", wie man belehrt wird). Man beschrieb die Steingärten, welche prägnant die innere Haltung und ästhetischen Prinzipien des Zen ausdrückten, nämlich «Sachlichkeit, Strenge und Sparsamkeit der eingesetzten Mittel», und im Fettdruck meinte man als Quintessenz: «Mit wenigen Mitteln viel zu sagen, ist eine Kunst, um die sich auch die ...-Versicherung immer wieder bemüht.» – So wird alles zur Farce. Ob die Manager der Versicherung oder die Consultants, die ihre Kunden auf das Inserat hin beraten sollten, wohl die genannten Eigenschaften des Zen leben und sie für sich selbst gefunden haben?

So geht es auch in der Oper zu und her: Die Elektra einer berühmten Regisseurin spielt im Irrenhaus, in einer postmodernen, weissen Kulisse, die mit Trockeneis dauernd geschrubbt wird. (Trockeneis anstatt "Meister Propper", probieren Sie's 'mal zuhause aus!) Natürlich sieht es auf der Bühne faszinierend aus, erzielt es seinen Effekt, doch wird die Geschichte, welche in der griechischen Antike siedelt, ihrer selbst enthoben. Die Protagonisten ihrerseits sind keine Menschen mehr, sondern schemenhafte, robotergleiche Apparate.

Dann richtet Figaro sein «Si, mio core, or è più bello» an die wie eine Lufthansa-Stewardess gekleidete Susanna (die stimmlich und auch körperlich überaus reizvoll ist!) eher unwillig, weil er viel lieber an seinem Heimcomputer spielt, und etwas später legt er einen Steptanz hin, als sei er Gene Kelly im Rinnstein, der Graf schläft dann in einem Knautschanzug von Boss seinen Rausch auf einer Avantgarde-Couch der fünfziger Jahre aus, Cherubino erprobt seine erotischen Möglichkeiten mit Baseball-Mütze, Jeans und Tennisschuhen in Form eines Rock'n Roll, Cassetten anstatt Briefe wechseln den Besitzer und die Hochzeitsgäste sehen aus, als kämen sie von der ersten "Hair"-Premiere im Jahr 1967, und so weiter.[13] —Alles wird beziehungslos und austauschbar. Die körperperlichen Reize sind wichtiger als die stimmlichen, obwohl auch diese überaus reizvoll seien.

So gesehen irrt doch auch John Cage nicht, wenn er dem Publikum in «Europeras» zwölf verschiedene Handlungen auf verschiedenfarbigen Papieren zur Auswahl stellt und verblüffenderweise jede Handlung auf die Oper zutreffen kann. So irrt er doch nicht, wenn Don Giovanni Zerline die Hand reicht und es nebenan dem Lerchenauischen Ochs sakrisch wohl ist, wenn Figaro im gleichen Stück Carmen die Haare schert, und Tannhäuser Tosca in der ärmlichen Halle des Cavaradossi grüsst. Dann sucht Orpheus seine Eurydike im Gral, und Bajazzo stösst statt der Nedda Rosine das Messer in die treue Brust. Der Unterschied ist, dass bei John Cage's Oper die Leute das "geschändete" Opernhaus verlassen, jedoch "moderne" Operninszenierungen der traditionellen Opern "in" sind. (Sollte es nicht umgekehrt sein?) Dieses Publikum merkt eben nicht, dass John Cage, der sich lange mit Zen beschäftigt hat, und der die Wahrheit der Kunst sehr wohl zu kennen scheint, sie nur verschaukelt, indem er ihnen zeigt, wieweit wir gekommen sind in einer Zeit, in der alles mit allem austauschbar ist. Eigentlich versetzt Cage damit der Oper den Todesstoss. Er entblösst die ganze Mache und die sentimentalen Geschichten auf eine Art und Weise, nach der man keine Oper mehr aufführen kann, ohne sich dumm vorzukommen. Es sei denn, man überwindet das Ganze und führt eine Oper auf, weil sie schön ist und nicht, weil man mit ihr etwas deuten oder sagen will. Man müsste danach die Oper wieder um ihrer selbst Willen aufführen und sie nicht durch "geniale Regie" zu einer Aussage zwingen wollen, die sie gar nicht hat. Man geht zurück zur brillianten Einfachheit. – Zur Einfachheit, welche unsere Meisterin selbst in ihrem Gesang verwirklicht hatte. «Zuerst der Kopf (sehend), dann das Herz (von Herzen), dann der Mund (singend)», bedeutet sie uns Schülern jeweils, indem sie mit dem Zeigefinger auf die besagten Stellen weist.

Im eben Erzählten reflektiert also die "Kunst" genau so unsere Zeit und unseren "Zeitgeist", wie im anderen Beispiel die verschiedenen Denkweisen von Ost und West anhand der Dichtkunst beleuchtet wurden. Das ist gut, denn die Kunst vermittelt uns ganz unverblümt, dass wir uns in einer Sackgasse aus Beziehungslosigkeit, Gleichgültigkeit und Zerfall von ethischen Grundwerten befinden. Diese versucht man optisch wettzumachen: von den Reklamesäulen strahlen uns Jugendlichkeit und Schönheit entgegen, aus den Bildschirmen flimmert die heile Welt, derweil man riesige Probleme mit dem Abfall hat – mit dem materiellen, wie mit dem menschlichen, doch Süchtige können glücklicherweise nicht so einfach aus der Welt geschafft werden, wie sich viele dies wünschten. Man kümmert sich um die Form anstelle des Inhaltes. Beim Inhalt muss man sparen.

Ich schreibe dies zur Zeit, wo es in unserer Stadt wiedereinmal um die Kürzung der Beiträge an das Schauspielhaus geht, was zur Folge hat, dass der Direktor, ein fähiger Mann, vorzeitig den Hut nimmt. Das kann ihm nicht verübelt werden. Man könne die "elitäre Kultur" im Angesicht des Drogenelends nicht mehr im selben Ausmass unterstützen, meint der Stadtrat. Ist die Kultur "elitär", wenn sie "schöngeistig" ist? Ist "schöngeistige Kultur" elitär? Der Geist hinter der Kultur, welchen ich in diesem Kapitel wiederzuerwecken versuche, hätte für alle etwas bereit. Er gäbe uns einen erneuerten, reicheren Lebensinhalt. Den haben wir nötig, gerade in Anbetracht all dessen. Sollte man nicht vielmehr solche Kultur fördern, die das Gute, das Harmonische, das Ganze zum Hintergrund hat, welche Substanz hat? Man sollte der Kultur wieder ermöglichen zwecklos/absichtslos zu werden; erst dann kann sie auch wieder sinnvoll werden, wirklich zur Bereicherung unseres Lebens beitragen. Diese Kultur müsste die Massen wieder etwas lehren, nicht die Massen müssten die Kultur bestimmen, wie der Kommerz es heute verlangt. Dasselbe würde auch für das Gerede um Einschaltquoten und Werbeunterbrechungen künstlerisch wertvoller Filme im Fernsehen gelten. Nicht die Masse hat die Idee, sondern ein einzelner Meister, der seine Kunst während eines Lebensprozesses, ähnlich dem Beschriebenen, erreicht hat und der diese Erfahrungen in irgend einer künstlerischen Form weitergeben kann, im Idealfall eben zur inneren Bereicherung des Publikums. John Cage meinte schon in einem Interwiew von 1972, die Individuen wüssten nicht mehr zuzuhören, und es würde, pessimistisch gedacht, wohl der Normalfall werden, dass Menschen in ein Konzert gehen und ebenso dumm wieder herauskommen, wie sie es zuvor gewesen seien. Wenn er jedoch an eine gute Zukunft denke, werde das Leben dannzumal sehr wohl Musik beinhalten, aber es werde alle möglichen Arten von Musik geben, weit über das hinaus, was er sich vorzustellen vermöge.[14] Mit jedem seiner musikalischen Produkte hat Cage sich um die Entzündung neuer Lernprozesse bemüht.

Ein weiteres Beispiel: Friedrich Dürrenmatt, "Sohn des Landes", wurde lange bekämpft, bespitzelt, als "Landesverräter" abgekanzelt, beschnitten. Nachdem er – endlich für viele, viel zu früh für andere – seine grosse Reise getan hat, werden wir uns bewusst, was wir in ihm und mit ihm verloren haben. Muss die Kultur, die wahre Kunst auch zuerst sterben, damit wir uns ihrer wieder im richtigen Masse bewusst werden und uns ihrer annehmen? Würde nicht gerade die uneigennützige Förderung auch des künstlerischen Nachwuchses, welcher fähig wäre, uns mit der erworbenen Kunst zu bereichern, unser Leben vielleicht anders zu sehen, der fähig sein sollte, uns die Kraft zu geben, das Leben zu gestalten, am meisten zur Milderung des Elends mitten in der Dekadenz des Reichtums beitragen? Sollte uns nicht gerade heute umsomehr die Botschaft vermittelt werden, die da heisst: «Was suche ich, wenn ich höre? Als Hörender will ich inhaltlich reicher und vermehrter werden, aber es wird mir nichts gegeben, wenn ich nur bequem und erleichtert mitschwinge, nichts, wenn ich nicht selber weitergehe und etwas hole über den Genuss hinaus. Wenn wir also nicht mitgehen, kann nichts länger singen.» Oder wollen wir noch länger einfach bequem mitschwingen und zusehen, wie uns die Grundlage unseres Lebens, das schon lange den Schritt vom einfachen Dahinvegetieren der Urmenschen, hin zur kultivierten Lebensweise des "entwickelten (?) Menschen" genommen hat, unter den Füssen dahinschwindet?

Dazu bräuchte es innere Kultur, «denn die Existenz eines äusseren Gesetzes, sei es noch so zwingend, ist nicht das beste Mittel, um ein Drama zu vermeiden, wenn die innere Schutzschranke fehlt. Wenn sie nämlich nicht da ist, findet man schliesslich immer den Ritz im Gesetz, die Möglichkeit, das Gesetz zu umgehen und zu töten, so oder so.»[15] Deshalb scheint mir, dass der Unterschied eben in dem erwähnten Grundbegriff besteht, auf dem die Gesellschaft und die Gemeinschaft beruhen sollten. Diese innere Kultur kann erlernt werden, und das wäre unsere grosse Aufgabe. Früher war die Balance wahrscheinlich eher durch gesellschaftliche – auch ungeschriebene – Gesetze gewährleistet; auch fand man Rückhalt in den Lehren der Kirche. Das heisst nicht, dass ich Fortschritte, die wir im freien Denken gemacht haben, missen möchte!

Eine Lehre über freies Denken im Buddhismus besteht darin, niemals blind zu glauben. Nichts aufgrund der blossen Autorität der Meister oder Priester, sondern nur das zu glauben, was der persönlichen Erfahrung entstammt. Buddha selbst riet, Äusserungen stets sorgfältig zu prüfen und ihnen erst beizupflichten, wenn man deren praktischen Nutzen ausdrücklich erkannt hätte. Wenn man seinen Geist von jeglichem Vorurteil befreie, öffne man ihn für eine andere Dimension, mit der sich die erstarrten Gewohnheiten wachrütteln liessen. Man lerne damit auch aufmerksam zu sein, einfach zuzuhören, ohne von vornherein irgendein Urteil zu fällen. Die wahre Freiheit bestünde darin, frei von Bindungen und Vorurteilen zu sein, nichts zu verlangen für das, was man gibt, die Dinge zu nehmen, wie sie sind, und sie auch wieder loszulassen, sich also nicht an das klammern, was von Grund auf vergänglich sei. Hier sind in vergangenen Jahrzehnten zweifellos grosse Fortschritte gemacht worden, und der Zusammenbruch vieler totalitärer Regime als Folge davon ist höchst erfreulich. Aber ohne gleichzeitig "innere Schranken" zu kultivieren, ein Begriff, der der zwar merkwürdig tönen mag, mir aber trotzdem ein trefflicher Ausdruck zu sein scheint, wird diese Entwicklung gefährlich. Ein Kulturschaffen das auf einer tiefgründigen Philosophie beruht, – auch wenn es "schöngeistig" und "elitär" zugleich genannt wird – würde uns Zeichen setzen können.

Es ist nicht meine Absicht, Dreikäsehoch zu spielen und Besserwisser zu sein; das steht mir nicht zu, dazu bin ich auch zu jung. So wie ich aber zu beschreiben versuche, dass man durch das Erlernen einer Kunst wie der des Gesangs *leben* lernt, so möchte ich anhand der Beispiele aus der Kunstwelt für mehr Idealismus hie und da, auch im Leben, eintreten. Mehr Fantasie und Idealismus auf, hinter und vor der Bühne hiesse das Zauberwort und man wäre von den erwähnten Kürzungen gar nicht so betroffen, weil das Geld den Geist nicht zerstören könnte. Wieso also nicht einmal eine Inszenierung mit drei Vorhängen links, rechts und hinter der Bühne, einem Teppich darauf und viel *Können* und Fantasie der Spielenden wie auch der Zuschauer? (Die Bühnenarbeiter und Techniker könnten diesmal zu Hause bleiben.) Sicher würden wir danach genauso bereichert nach Hause gehen, wie wenn wir die exklusivste und teuerste Vorstellung, die es gibt, gesehen hätten. Bei der bleibt oft genug der Inhalt auf der Strecke.

Ein überaus positives Beispiel dafür scheint mir das berühmte Salzburger Marionettentheater zu sein, das im Mozartjahr auch in unseren Landen gastierte. Dieses zu sehen hatte ich kürzlich das Vergnügen. Eine multinationale Firma leistete sich aus Anlass des Mozartschen Jubeljahres drei Aufführungen im Casino des Städtchens. Die Inszenierungen haben trotz ihres Alters – die Premieren fanden schon Ende der fünfziger Jahre statt – immer noch Bestand. Gegeben wurden "Don Giovanni", "Die Entführung aus dem Serail" und die "Zauberflöte". Als Grundlage verwendeten die Profis eine Plattenaufnahme von 1955, unter der Leitung von Ferenc Fricsay. Ernst Haefliger, Maria Stader, Rita Streich, Josef Greindl und Dietrich Fischer-Dieskau heisst die hochkarätige Besetzung, deren durchwegs brilliante Gesangssprache wunderbar zur Leichtigkeit der Marionetten passte. Eine Guckkastenbühne mit fantasievoll gemalten Bühnenbildern trug das ihre zur Gültigkeit der Aufführung bei. Das Geheimnis auch dieser Operndarstellung liegt wieder einmal in demselben Geist, den ich im Verlauf meiner Ausführungen noch und noch aufzuzeigen bemüht bin.

Heinrich von Kleist verbrachte den Winter 1801 scheinbar in M..., traf dort einen Herrn C. und unterhielt sich mit diesem über das Marionettentheater. Auf die Frage, «ob der Maschinist, der diese Puppen regiere, selbst ein Tänzer sein, oder wenigstens einen Begriff vom Schönen im Tanz haben müsse, antwortete C., dass die Linie, die die Puppe im Tanz beschreibe, nichts anderes sei, als der *Weg der Seele des Tänzers*; und dieser könne nicht anders gefunden werden, als dadurch, dass der Maschinist sich in den Schwerpunkt der Marionette versetze, das heisse mit andern Worten, selbst *tanze*. Ein anderer Vorteil, den diese Puppe lebendigen Tänzern voraus haben würde, sei zuvörderst dieser, dass sie sich niemals zierte. Denn Ziererei erscheine, wenn sich die Seele in irgend einem andern Punkte befände, als in dem Schwerpunkt der Bewegung. Da der Maschinist nun schlechthin, vermittelst des Drahtes oder Fadens, keinen andern Punkt in seiner Gewalt habe, als diesen, so seien alle übrigen Glieder, was sie sein sollen, tot: reine Pendel, und folgten dem blossen Gesetz der Schwere; eine vortreffliche Eigenschaft, die man vergebens bei dem grössesten Teil der Tänzer suche.» Noch interessanter wird es, wenn Herr C. in der Folge von dem jungen Tänzer F. erzählt, der die Seele (den Schwerpunkt) gar im Ellbogen habe. «Solche Missgriffe, setzte er hinzu, sind unvermeidlich, seitdem wir vom Baum der Erkenntnis gegessen haben. Doch das Paradies ist verriegelt und der Cherub hinter uns; wir müssen die Reise um die Welt machen, und sehen, ob es vielleicht von hinten irgendwo wieder offen ist.» Als Erkenntnis aus diesem Gespräch mit Herrn C. meint Heinrich von Kleist, «mithin müssten wir wieder vom Baum der Erkenntnis essen, um in den Stand der Unschuld zurückzufallen?», worauf Herr C. meint: «Allerdings, das sei aber das letzte Kapitel von der Geschichte der Welt.»[16]

Die Mitte, diesen Schwerpunkt in uns, gilt es also zu finden, sei es nun als Künstler auf der Bühne, oder als Künstler im Leben!

Das predigt auch unsere Lehrerin immer wieder. Leider wird Frau Professors Unterricht vom Staat nicht unterstützt, dazu sind die Strukturen der Stipendiengesetze zu starr. So ist sie als Lehrerin nicht "offiziell anerkannt", obwohl man sie seinerzeit zur eigentlichen Kulturbotschafterin des Landes gemacht hatte, und sie vor ihrer grossen Karriere lange am hiesigen öffentlichen Musikinstitut unterrichtet hatte. Im Gegenteil, in den Augen eines Beamten, der wusste, wessen Schule ich geniesse, war ich einmal, «gar kein Musikstudent – diese seien im Konservatorium – sondern ein arbeitsloser Bankangestellter, welcher sich von seiner Freundin aushalten liesse.» Es werden aber auch keine kantonalen Stipendien aufgrund der Leistungen des Einzelnen vergeben, sondern anhand von Papieren auf denen stehen muss, man besuche ein Konservatorium oder sonst eine offiziell anerkannte Institution. Kann eine solche all das Beschriebene vermitteln? Kann man das in einen Lehrplan einbauen, welcher unter Zeitdruck steht? Braucht es dazu nicht unendlich viel mehr an Zeit und Geduld und ein wahres Meister-Schüler-Verhältnis? «‹‹Weit davon entfernt, in dem Schüler vorzeitig den Künstler wecken zu wollen, muss es der Lehrer für seine erste Aufgabe halten, aus ihm einen Könner zu machen, der das Handwerkliche souverän beherrscht. Dieser Absicht soll der Schüler in unermüdlichem Fleiss entgegenkommen.» ... «Denken Sie nicht an das, was sie zu tun haben, überlegen Sie nicht, wie es auszuführen sei!», rief er mir zu. «Der Schuss wird ja nur dann glatt, wenn er den Schützen selbst überrascht. Es muss sein, wie wenn die Bogensehne den Daumen, der sie festhält, jählings durchschnitte. Sie dürfen also die rechte Hand nicht absichtlich öffnen.»»[17] So "absichtslos" sollte der Studierende zuerst zum Könner werden dürfen und nicht schon während des Studiums unter Erfolgsdruck stehen müssen. Speziell beim Gesang stellt sich das wahre Talent erst sehr spät heraus. Beim Instrumentalisten klärt sich zumeist schon im Kindesalter, ob genügend vorhanden ist, um ein Meister werden zu können, welcher mit seiner Kunst eines Tages sogar den Lebensunterhalt wird bestreiten können. Jedoch haben Sänger und Instrumentalisten am öffentlichen Musikinstitut denselben Lehrplan und der Hauptfachunterricht ist zudem auf eine Stunde in der Woche beschränkt. Frau Professor erzählt immer wieder, wie sie, obwohl sie das Konservatoriums-Diplom sehr früh erhalten habe, fast zehn Jahre gebraucht habe, um wirklich zur Könnerin und Künstlerin zu werden. Wie würde man solches heutzutage finanzieren, wenn es keine öffentliche Schule gibt, wo man diesen Weg in idealer Weise begehen kann, und wenn die öffentliche Hand nur ein "öffentlich anerkanntes Institut" unterstützt?

Schon 1921 weist Heinrich Jacoby anlässlich einer an der "Kunsttagung des Bundes entschiedener Schulreformer" in Berlin gehaltenen Rede auf Misstände hin, welche noch heute nicht behoben sind: «Ich sagte bereits, dass Musikunterricht ungeeignet ist, solange man Musik von "aussen her" lehren, beibringen will, statt zum musikalischen Sich-Äussern anzuregen. Es fehlen dafür die *Grundvoraussetzungen,* solange die möglichst vollkommene Beherrschung der Instrumentaltechniken und der Regeln der Harmonielehre als höchstes Ziel gilt, – solange Musik doch mehr oder weniger als eine Angelegenheit von Fachleuten betrachtet wird, und ganz besonders, solange elementare methodische und psychologische Forderungen, sowohl bei der *Stoffanordnung* als auch bei der *Lehrweise,* verletzt werden. Der Musikunterricht, so wie er heute meistens verläuft, ist geradezu ein Schulbeispiel dafür, wie Erziehung *nicht* sein sollte. Wenn sich die Richtigkeit eines Weges daran erkennen lässt, dass er zum Ziel führt, so zeigen die unzulänglichen Leistungen der meisten Dilettanten, – die verhältnismässig geringen musikalischen und erzieherischen Werte, die ein viele Jahre dauernder Schulgesangunterricht zu schaffen vermag, – vor allem aber das halb gebildete Musikerproletariat, dem unsere Konservatorien alljährlich neuen Zustrom bringen, *deutlicher* als alle theoretischen Überlegungen und Untersuchungen, dass der bisherige Weg nicht einmal für besonders "Musikalische" der richtige sein kann.»[18]

Zum Glück gibt es Stiftungen und Private, welche auch privaten Musikunterricht unterstützen, auf Grund von Leistungen entscheiden und nicht auf Grund von Papieren und sich uneigennützig als Mäzene betätigen – als Mäzene, nicht als Sponsoren. Den Sponsoren muss man nämlich seine "Seele" verkaufen, weil sie die erzielten persönlichen Erfolge auf sich reflektiert haben wollen. Und trotzdem scheint die Zukunft der Kunst in den Händen des Sponsoring zu liegen?

Lao Tse kreierte die Weisheit: «Er handelt, eignet sich aber nicht an; vollbringt, beansprucht aber keine Anerkennung; und weil er keinen Anspruch auf Anerkennung erhebt, kann die Anerkennung ihm nicht genommen werden.» Das ist wahres Künstlertum! Das ist Lebenskunst!

So möchte ich hier all jenen danken, die ohne einen eigenen Nutzen, ausser dem, die geförderte Kunst später blühen zu sehen, diese unterstützen. Auch Frau Professors eigene Ausbildung wäre ohne solche Menschen nicht möglich gewesen.

Nun versuche ich, im Studium gewonnene Gedanken weiterzuspinnen und damit vielleicht ein vergangenes östliches Ideal für *unsere* Zukunft wiederzugewinnen. Es gilt im Leben das Unbewusste aus der Kindheit, nennen wir es das "kindliche Unbewusste", ins Bewusstsein zu holen (viele Menschen gebrauchen für diesen Vorgang die Psychoanalyse), um es danach wieder ins Unbewusste "versorgen" zu können. Diese zweite Stufe der Unbewusstheit ist aber jederzeit abrufbar, deshalb nennen wir sie das "kosmische Unbewusste". Dadurch können wir unsere Reaktionen, seien es Ängste, Agressionen oder auch Glücksgefühle, wenn nicht gleich verstehen, so doch als vorhanden aktzeptieren und vielleicht auch mit ihnen umgehen. Unter Umständen lernt man sogar die Welt als Ganzes einwenig verstehen.

Ähnlich wird beim Singen die anfänglich intuitive Musikalität während des Unterrichts ins Bewusstsein geholt, um sie zu verstehen und via Technik beherrschen zu lernen und sie wieder, "veredelt", ins Unbewusste versorgen zu können. Dieser Vorgang heisst: «Durch die Überwindung alles Technischen zurück zur "nichtgekonnten Kunst", die aus dem Unbewussten erwächst. Der Schwertmeister ist wieder unbefangen wie der Anfänger. Die Unbekümmertheit, die er bei Beginn des Unterrichtes eingebüsst hat, hat er am Ende als unzerstörbaren Charakter wiedergewonnen. Im Unterschied aber zum Anfänger ist er zurückhaltend, gelassen und bescheiden, und es fehlt ihm jeder Sinn dafür, sich aufzuzuspielen. Zwischen den beiden Stadien der Anfängerschaft und der Meisterschaft liegen eben lange ereignisreiche Jahre unermüdlichen Übens. Unter dem Einfluss des Zen ist das Können geistig geworden, der Übende selbst aber, in inneren Überwindungen von Stufe zu Stufe freier werdend, verwandelt. Das Schwert, das zu seiner "Seele" geworden ist, sitzt ihm nicht mehr locker in der Scheide.»[19] Der Übende hat dann «die Reise um die Welt gemacht und schaut, ob das Paradies von hinten irgendwo offen sei», wie Herr C. in Kleists Traktat meint. Sie sehen: Singen lernen ersetzt oder zumindest ergänzt eine Psychoanalyse, und auch Yoga und Autogenes Training beispielsweise, wären darin enthalten. – Singen zu lernen heisst, sich selbst zu entdecken und leben zu lernen. Deshalb ist jeder echte Gesangskünstler auch ein "Künstler des Lebens", das heisst: «zu essen, wenn man Hunger hat, zu schlafen wenn man müde ist...». Heute tun wir doch viel zu viele Dinge, ohne sie wirklich zu tun: Wir lesen Zeitung, während wir essen oder wir "schlafen fern", wenn wir vor dem Fernsehgerät eingeschlafen sind, und so tun wir weder das eine, noch das andere richtig, in echter Weise.

Damit meine ich, noch eine andere Bewandtnis angesprochen zu haben, nämlich jene, dass es heute viele Menschen weg von der Kirche, von der Gesellschaft überhaupt, hin zu Sekten, Drogen oder einfach in die Einsamkeit zieht oder, dass sich immer mehr Menschen ihr Heil im "Osten" suchen. Falls es mir mit diesem Kapitel gelungen sein sollte aufzuzeigen, dass eigentlich alles "östliche" auch in unserem Kulturkreis, *in unserer Kunst*, bereits vorhanden ist und noch immer, wenigstens teilweise, lebendig ist, so möchte ich meinem Wunsch Ausdruck geben, es mögen sich die Menschen wieder vermehrt auf *ihre eigenen Wurzeln* besinnund jene *in einem guten Sinn kultivieren.*

Wir brauchen dazu *Kultur* !

«Die ganze Arbeit ist ruhig sein»
                                  Johann Wolfgang von Goethe

UND WEITER IM TAKT

Ich habe die Reise stets dem Reiseziel vorgezogen.
Doch es ist eine schöne Sache, wenn man von einer
Reise zurückkehrt.

Lanza del Vasto

Eines Tages wird eine neue Zeit im Leben des Gesangsschülers kommen, dann nämlich, wenn der Grundstock gelegt ist, der Umfang seiner Stimme abgesteckt ist und er auf einer soliden Grundlage weiterbauen kann. Der Schüler begreift jetzt jedes Wort des Lehrers, er wird sich nicht nur sehen, sondern *sich auch richtig hören,* und er wird das Gemeinte meistens sofort auch umsetzen können. Er ist auf dem Weg, "es" werden zu lassen, und trotzdem wird immer wieder das "nicht *ganz* Sehen" im Wege stehen, wenn der Lehrer in einem Punkt nicht zufrieden ist. Der Lehrer soll und kann nie vollkommen zufrieden sein, das ist sein Schicksal. Die Aufgabe des guten Schülers aber ist genau dieselbe. Dazu ein Beispiel:

Als unsere Lehrerin schon eine berühmte Sängerin war, begab sie sich in die Obhut einer ebenso berühmten Gesangspädagogin,[20] weil die ständige Stimmkontrolle auch für den "wissendsten" Sänger unerlässlich ist. Die Pädagogin weilte, so erzählt heute unsere Meisterin, für zwei Wochen in der Stadt, wo die beiden Künstlerinnen Tag für Tag miteinander arbeiteten. Bisweilen sei der jüngere Sohn der Sängerin mit geschlossenen Händen ins Zimmer gekommen und habe seiner Mutter die Rätselfrage gestellt: «Mami, rate einmal, was ich in den Händen trage!» Die Sängerin, wohlwissend, dass es sich nur um Würmer, Schnecken oder sonstiges Getier handeln könne, spielte mit, strich nach einer Weile dem Kind sanft über den Kopf und meinte, sie müsse nun weiterarbeiten, und damit gab sie dem Sohn einen Kuss auf die Stirn. Dies muss so rührend ausgesehen haben und von einer Innigkeit erfüllt gewesen sein, dass die Pädagogin die Sängerin immer wieder anhielt, diesen Kuss doch jedem ihrer Töne zu geben. Stunde für Stunde übten sie sodann das Lied «Schlafe, schlafe, holder, süsser Knabe»[21] und versuchten, dem ganzen Lied "die Süsse des Klanges" mitzugeben. Jahr für Jahr gebot also die Sängerin nach einer schwereren Partie Einhalt und besuchte die Lehrerin, um sich erneut diese "Süsse des Klanges" zu erarbeiten, die sie verloren zu haben glaubte. Das künstlerische Gewissen verlangte es von ihr.

So fahren auch wir fort mit unseren Übungen: Stunde um Stunde heisst es die selben Vokalisen zu singen. Frau Professors Ohr entgeht es nie, wo die Töne noch höher sitzen könnten und wo sie noch runder klingen sollten. Natürlich achten wir speziell darauf, schon den Tonleitern die "Süsse des Klanges" mitzugeben. Das könne man nie genug üben, ohne dabei manieriert zu wirken oder gar zu "säuseln". (So nennt sie das unnatürliche, übertriebene Pianissimo gewisser Protagonisten.) Kurz, präzis, den Atem "breit gedacht" ohne zu arretieren, die Bauchdecke entspannt, sowohl beim Ein- wie beim Ausatmen und zuguter Letzt soll alles rund und schön tönen, darüber hinaus sollten in einer Arie oder im Lied verschiedenste Gestaltungsweisen eingebracht sein und auf der Opernbühne ein Charakter verkörpert sein, eine Rolle gespielt werden... *Meisterhaft* zu singen ist unendlich schwer!

Dies ist der Grund, weshalb ein Gesangsstudium Jahre dauert und auch dauern soll, um Unzulänglichkeiten schon während des Studiums aufdecken und korrigieren zu können. Jedoch, die wenigsten Studenten haben Zeit, Geld und auch Geduld dazu, müssen ins Engagement gehen und müssen viel zu früh mit sich und dem eigenen sängerischen Dasein alleine zu Rande kommen. Das ist sicherlich einer von vielen Gründen für den immer wieder beklagten Zerfall der Gesangskunst.

Selbst der Autor weiss im Moment, wo er diese

Zeilen niederschreibt nicht, ob er das Geforderte *je* erreichen wird. Seine Lehrerin ist betagt und er weiss, dass sie bald mit dem Unterrichten aufhören möchte.

DURCH KURSE ZUM MEISTER?

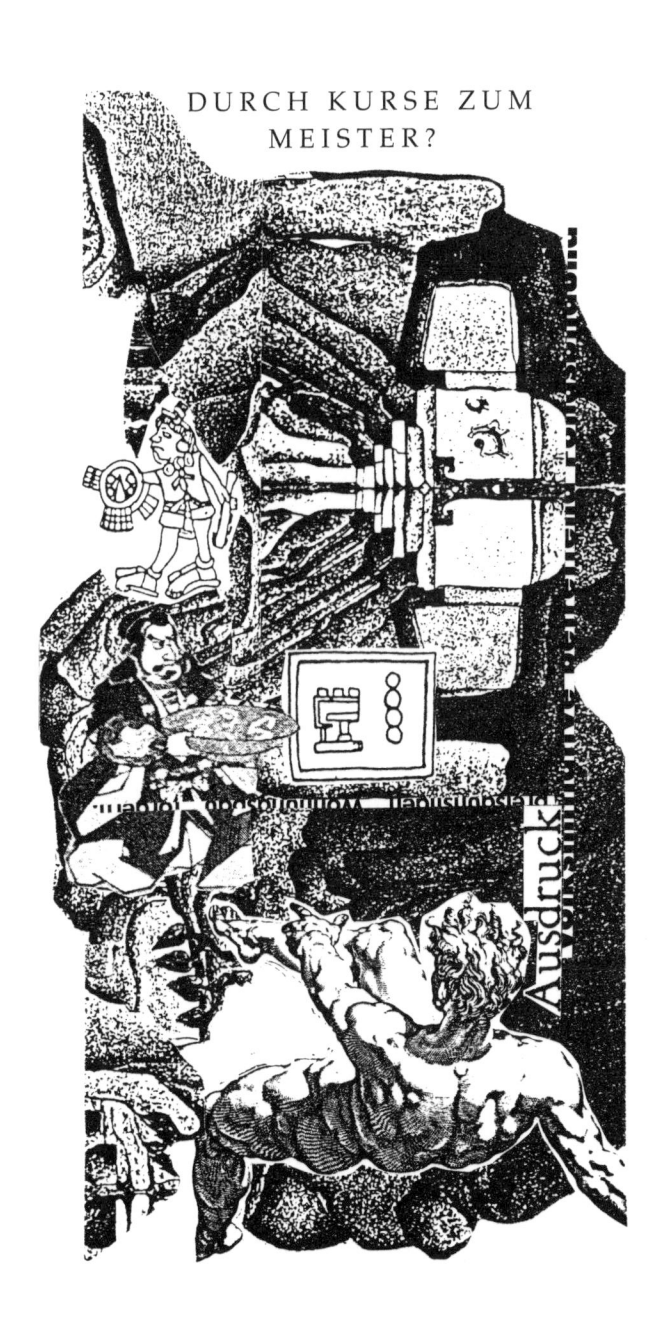

O Wandern, Wandern, meine Lust, O Wandern!
Herr Meister und Frau Meisterin,
Lasst mich in Frieden weiterziehn
Und wandern, und wandern.

Wilhelm Müller/Franz Schubert
" Die schöne Müllerin"

Spätestens seit Lilly Lehmann 1916 in Salzburg erste Gesangskurse initiierte, welche noch heute als "Internationale Sommerakademie *Mozarteum* Salzburg" zusammen mit Instrumentalfächern weiterbestehen, sind Meisterkurse ein Thema für jeden Musikstudenten.

Heute werden landaus, landein zahlreiche Kurse veranstaltet. Für viele Künstler stellt die Lehrtätigkeit eine Fortsetzung der eigenen Karriere dar. Aus der ganzen Welt pilgern Schüler zu den berühmten Maestri. Für den Lehrer muss es ein Schwieriges sein, Studenten, welche um die halbe Welt gereist sind, jedoch den Anforderungen nicht zu genügen vermögen, abzuweisen. Gedacht wären die Kurse aber für Schüler, deren technisches Können schon soweit fortgeschritten ist, dass man wirklich an interpretatorischen Fragen arbeiten kann. Es ist unmöglich, innert zehn oder gar vierzehn Tagen die Technik eines Schülers grundlegend zu ändern. Ohne Technik ist es dem Schüler andererseits nicht möglich, genügend auf die Interpretationsvorschläge des Professors oder der Professorin eingehen zu können. Woran misst der Lehrer technisches Können? Der eine kommt, singt Paradestücke, mit denen er zu brillieren weiss. Je nach akustischen Gegebenheiten ist man sogar von seiner Stimme beeindruckt, doch wenn man zu arbeiten beginnt, stösst man auf all die Probleme, die während der fünf Minuten eben nicht zum Vorschein kamen, die aber unüberhör- oder -sehbar vorhanden sind. Jemand anderen weist man vielleicht ab, dessen Qualitäten erst auf den zweiten Blick, um nicht zu sagen "auf's zweite Ohr", vorhanden gewesen wären. Das Ganze ist also sehr menschlich, von Geschmäckern und Stimmungen geprägt. Das Sprichwort «Es führen viele Wege nach Rom!» scheint mir beim Erlernen der Gesangskunst besonders trefflich zu sein. Besser wäre vielleicht, an

Stelle des Vorsingens ein dreitägiges Probearbeiten zu veranstalten, um erst danach entscheiden zu können. Der Lehrer gibt seinen Namen für eine Arbeit, die unter Umständen für ihn hoffnungslos ist. In Schülerbiographien tönen Namen grosser Lehrpersönlichkeiten allemal gut! Doch weil eben viele Wege zum Gesang führen und weil man fast nie mit dogmatischer Sicherheit sagen kann, etwas sei "richtig" oder "falsch", ist die kurzfristige Begegnung zwischen Schüler und Lehrer anlässlich eines Meisterkurses ein heikles Unterfangen. Ausserdem hat nicht jeder berühmte Sänger auch ein pädagogisches Flair. Dennoch sollten sie versuchen, mit Leib und Seele ihr grosses Wissen weiterzuvermitteln. Nur so bleibt die Gesangskunst lebendig! Für den Schüler ist es von Vorteil, wenn er bereits zuvor eine gewisse Sicherheit in der Beherrschung seines Fachs erreicht hat, um wirklich nur das annehmen zu können, was er braucht. Was ihn hindert oder aber nicht seinen Intentionen, seinem Geschmack entspricht, soll er auch von einem noch so berühmten Meister nicht ohne Vorbehalt annehmen.

Eine andere Idee ist jene, einen Meisterkurs für Preisträger von Studienpreisen zu initiieren.

So wurde es von einer privaten Stiftung in unserem Lande versucht – mit grossem Erfolg. Eine berühmte Sängerin, auch in ihrer Karriere gewissermassen Nachfolgerin meiner Frau Professor, wurde verpflichtet, die jährlich stattfindenden Meisterkurse zu übernehmen. Allerdings, und das war das Besondere, sind diese nur für Preisträger der Stiftung organisiert. So wird parallel zu den staatlichen Schulen, deren Institutionen viel zu träge sind, etwas junges, dynamisches, qualitativ Hochstehendes für die Förderung des Nachwuchses getan. Damit verbunden veranstaltete man ein "Workshop

- Konzert", das jungen Künstlern die Möglichkeit gab – ohne jede Gebundenheit an ein bereits feststehendes Konzertprogramm – ihr momentan Bestes im Rahmen eines bereits renommierten Musik-Festivals in der Umgebung erhabener Berge zu erarbeiten und auch aufzuführen.

Als ich vor dem Kurs beide Sängerinnen, meine Professorin und die Leiterin des betreffenden Meisterkurses, anhand von Plattenaufnahmen verglich, hatte ich das Gefühl, sie hätten ähnliche Grundvorstellungen vom Gesang. Der Schein trügt. Frau Kammersängerin geht bei ihrer Interpretation von der musikalischen Linie aus: «prima la musica, dopo le parole». Meine Lehrerin, wie wir unterdessen wissen, setzt das Wort an erste Stelle. Die alte Frage.

Anlässlich einer Radiodiskussion über Stilfragen betont Frau Professor, zuerst sei der Text gewesen. Mozart habe endlich in Da Ponte den Librettisten gefunden, den er sich schon lange gewünscht habe. Er habe nicht zuerst den «Mozart-Stil» komponiert, um danach einen Text hinzuzudichten. Deshalb gelte es, einzig und allein vom Text her zum Werk zu stossen und diesen ehrlich und unverfälscht wiederzugeben. Dieses Gerede über die verschiedenen Stile nehme der Musik ihren ganzen Schwung und ihre Echtheit und wirke schliesslich "gemacht". Der Dirigent Karl Böhm meinte ähnliches, wenn er sagte: «Moment mal, den Text muss man verstehen; die Musik ist Begleitung!»

Frau Kammersängerin, so erfahre ich während des Kurses, stellt keine Formvorschriften in bezug auf die Vokale, wie sie im Anhang gezeigt sind. Sie hat quasi einen *Einheitsvokal*. Die Deutlichkeit der Sprache wird fast nur durch die deutliche Aussprache der Konsonanten erreicht. Sind sie einem hinderlich, zum Beispiel wenn in höheren Lagen ein grosser musikalischer (legato-) Bogen gesungen werden soll, darf man sie sogar ganz weglassen, um sich ganz dem Klang hingeben zu können.

Natürlich erregte ich durch meine eingeübte "Mundgymnastik" einiges Aufsehen, doch da das Ergebnis, ohne hinzuschauen, nicht "von schlechten Eltern" war, war man ratlos. Natürlich wurde sehr schnell korrigiert, ich arbeite viel zu viel mit meinem Mundwerk, die Aussprache sei dadurch fast zu deutlich und einige kleine, aber landesspezifische Sprachverfärbungen hörbar.—Während man öffentlich beim Flügel steht, Kritik anzunehmen und zu verarbeiten hat, schwankt die Stimmung zwischen "schon Wissen, aber noch nicht umsetzen können" und leichtem gekränkt sein, da man doch voller Überzeugung alles bisher Gelernte wiedergegeben hat. Erneut bestätigt sich, dass Meinungen geteilt sein müssen. Im Dialog darüber entsteht Kreativität.

Entweder müsste ich also alles nachplappern oder eben -singen können, was einem Dirigenten oder Lehrer aus ihren verschiedensten Gesichtspunkten beibringen möchten; oder aber die eigenständige Interpretationsform so vervollkommnen, dass sie überzeugt.—«Bei jenem Lied fehlt ihnen die musikalische Überzeugungskraft, das A und O aller Interpretation», schrieb mir Dietrich Fischer-Dieskau auf das Anhören eines Bandes hin.—Mein Problem war hier in erster Linie "visueller" Art: Kann ich mit weniger Mimik die gleiche Deutlichkeit der Sprache erreichen? Es ist nicht leicht, angesichts der erlernten Formvorschriften den Mund nur noch wenig zu öffnen und die Lippenbewegungen auf ein Minimum zu reduzieren. Wenn aber eine Phrase zu singen ist, welche ein absolutes Legato erfordert, wäre mir das neu zu Erlernende sicher hilfreich. Die Lehrerin macht es vor, lächelt, für den Stimmsitz, spricht von den Kopfresonanzen als "Stereoboxen", vom Wachsein, vom Führen der Stimme vom Bauch her; sie spricht vom "Todesfahrer" im Zirkus, der mit seinem Motorrad in einer Kugel umherrase und – wie wir Sänger – nie stoppen dürfe, wenn er oben sei. Unsere Maschine sei der Atem. Sie spricht auch von kurzen, präzisen Konsonanten wie Frau Professor, doch nie von Formvorschriften der Vokale. Diese solle ich sobald wie möglich vergessen, es sei schade um jeden Tag, an dem ich sie noch befolgen würde, der Aufwand sei wirklich zu gross ... Was sagt man dazu? Ich wusste, dass ich seinerzeit zu meiner Lehrerin wechselte, weil ich fasziniert war von ihrer Be-Behandlung der Sprache im Gesang und was sie uns darüber zu erzählen hatte. So würde es gelten, einen Mittelweg zu finden. Dazu müsste ich den Lehrer finden, der mich auf diesem neuen Weg geleiten würde. Um den Weg alleine zu gehen, ist es noch zu früh.

Ob man durch solche Kurse zum Meister wird, will und kann ich nicht beantworten. Eines steht aber fest: Haben wir bisher über die gesangliche Grundlage, die Technik, gesprochen, so öffnet sich mir während der Meisterkurse endlich die ganze Dimension des Gesanges.

Die heute wohl berühmteste Gesangsprofessorin gibt den Schülern immer und immer wieder zu bedenken, dass man als *Liedsänger* aus mindestens zehn verschiedenen Personen bestehe. Man sei der, welcher

die Stimme hergibt,
der die Stimme beobachtet,
der die Technik beobachtet,
der eine Meinung von dem hat, was er singt,
der die Musik bis ins Detail erinnert,
der den Text erinnert,

der dazu sich erinnert, dass er den Text überhaupt erfinden soll,
der sich ausserdem auch äusserlich beobachtet, dass er nicht mit dem Gesicht etwas anderes ausdrückt, als was er sagt,
der aber nicht Theater spielt,
der das Äusserste von sich abverlangt und trotzdem mit seinen Kräften haushälterisch umgeht.

Bei ihr besuchte ich den zweiten Kurs in jenem Sommer, in einer Stadt, die mit zu den Wiegen unserer abendländischen Kultur der letzten Jahrzehnte, ja sogar Jahrhunderte, gehört. Auch hier hat allerdings die Dekadenz Einzug gehalten. Vor dem Festspielhaus promenieren schon lange vor Beginn der Aufführungen die Reichen und vermeintlich Schönen in ihren prächtigen Roben, führen ihre Juwelen spazieren und baden sich in ihrer Eitelkeit. Auf der anderen Seite des Boulevards stehen die Gaffer in kurzen Jeans und T-Shirts, in dem, was man heute Freizeitkleidung nennt. Die Strasse dazwischen ist wie ein tiefer Abgrund. Niemand würde sich unter die andere "Klasse" mischen. Reihenweise fahren Limousinen und Taxen vor, in deren Fonds sich die Prominenz und die sich dafür halten, zum Festspielhaus chauffieren lässt, auch wenn sich die jeweiligen Hotels nur unweit davon befinden. Ich bin schockiert, denn das hat nichts mehr mit Musik zu tun, sondern mit einer riesigen sozialen Kluft. Alsbald beginne ich mich zu fragen, wieso man eine Häufung musikalischer Anlässe denn Fest-Spiele nennt? Das, was hier ausgetragen wird, ist tatsächlich ein Spiel, ein Gesellschaftsspiel! Sollte jedoch nicht die Musik der Mittelpunkt solcher Veranstaltungen sein? Da aber die Anlässe unter dem Namen "Fest*spiele*" deklarier sind – und nicht unter

"Musikwochen" oder ähnlichem – ist meine Frage wohl schon beantwortet. Zudem scheint bereits Nietzsche, nach den ersten Festspielen vom August 1876 in Bayreuth ähnliche Missstände entdeckt zu haben, so dass er seiner Schwester schrieb: «Ich sehne mich weg... Mir graut vor jedem dieser langen Kunst-Abende... Ich habe es satt.» Es muss allerdings hinzugefügt werden, dass der Autor das alles gar nicht so schlimm finden würde, wenn die Qualität des Gebotenen stimmen würde, doch herrschen auch bei den hiesigen Operninszenierungen Missstände, die schon im Kapitel «das geistige Prinzip» zu beschreiben versucht wurden. Selbst die Leiterin unserer Sommerakademie - Klasse meint nach der Aufführung einer «Missa», welche unter dem Prädikat "Orchesterkonzert" angekündigt war und nicht im Dom, sondern im *Festspiel*haus (!) aufgeführt wurde, dass auch die berühmtesten Sänger unserer Zeit unter einem ebenso berühmten wie renommierten Dirigenten sich intonatorische Unsicherheiten leisten würden, die früher schlicht und einfach nicht geduldet worden wären. Für die Menschen in Alltagskleidung wurde die Aufführung aus dem Festspielhaus "life" auf den Domplatz übertragen. Was das Ganze noch kurioser erscheinen liess: Leider funktionierte die Technik nicht wie sie sollte, so dass lediglich einzelne Musikfetzen zu hören waren, die Leute ausblieben und sich die Pferdedroschken wieder des Platzes bemächtigten.

Selbst eine Hochburg unserer klassischen Kunst zeigt Zerfallserscheinungen. Das bleibt auch der Professorin, welche es als eine der grossen Interpretinnen hervorragend verstanden hat, jedes Detail aus dieser einzigartigen Verbindung von Musik und Sprache, dem *Lied*, zu durchleuchten und die ihr Lebenselixir förmlich aus der Ergebenheit zur Kunst bezog, nicht verschlossen. Ihren

Erfahrungsschatz gibt sie uns mit unvermindertem Perfektionsdrang und Passion, fast beschwörend, weiter.

Schon aus den zuvor erwähnten zehn Punkten wird ersichtlich, dass der Liedgesang noch viel anspruchsvoller sei als der Operngesang, wo man Ausdruck nicht zuletzt durch das Spiel erreicht. Beim Lied sind nahezu sämtliche Gesten verpönt. Der Ausdruck muss in der Stimme und höchstens noch in der Mimik des Gesichtes zu sehen, respektive zu hören sein. Zudem ist das Lied ein Miniaturkunstwerk, in dem jede Silbe und jede Farbschattierung stimmen muss, um dem Publikum in seiner ganzen Einzigartigkeit deutlich werden zu können. Die Grundlage des Liedes ist die Poesie, der Zauber einer Sprache, der deutschen Sprache im speziellen. «Natur und Kunst, sie scheinen sich zu fliehn, und haben sich, eh' man es denkt, gefunden.» sagte einst der Dichterfürst Johann Wolfgang von Goethe. Die natürliche Sprache und die Poesie sind denn auch gar nicht so weit von einander entfernt. Jemandem der schön spricht zuzuhören, seiner Sprachmelodie, den kleinen und feinen Nuancen zu lauschen, kann schon Musikempfinden sein. Das ist die Substanz des Liedes, des deutschen Kunstliedes mit seiner höchst vollkommenen musiksprachlichen Einheit. Franz Schubert ganz speziell hat eine Welt von Poesie in Musik verwandelt. Vom Volkslied zum Kunstlied, von der Sprache zur Musik, von der Natur zur Kunst; das Lied als Kunst der Reduktion auf das Wesentliche; jedes ein in sich abgeschlossenes, wunderbares, kleines Ganzes. Schubert hat diese Kunst und damit das Lied, auf eine bis dahin nicht gekannte Höhe geführt und damit gezeigt was alle Kunst ist: «Steigerung, Konzentration, ein in die reinste Form Gegossenes.» Die Reinheit der Sprache wird als Musik vernommen. «Die Erkenntnis Goethes wird somit im Werk

Schuberts in höchstem Masse bestätigt»[22], wohl ohne dass Goethe sich dessen bewusst war. Er beantwortete nämlich einen Brief von Schubert mit einer beigelegten Komposition nicht. Doch an Schuberts Werk wurden später auch die Lieder weiterer grosser Komponisten, wie zum Beispiel Robert Schumann und Hugo Wolf, gemessen.

Nun will ich nicht über Interpretation von Liedern schreiben – darüber gibt es sehr viele Bücher namhafter Interpreten – obwohl es besonders interessant wäre, hier auch die Genauigkeit wiederzugeben, mit der die Professorin auf jede einzelne Nuance der Musik wie der Sprache eingeht. Vielmehr möchte ich auf den Spuren der Grundlage einer jeden Interpretation verbleiben. So spricht die Professorin denn auch von *Klangvorstellungen*, die wir haben sollten und nicht von technischen Dingen. Vielmehr sollen wir uns selbst hören lernen und mit *Klängen* arbeiten. Sie spricht ebenso von «appogiare la voce» und – abweichend von der "Klarheit der Stimme", welche Frau Professor stets so betonte – von «coprire la voce», vom "Stützen" der Stimme und vom "Decken" der Stimme; doch wie gesagt, nie, ohne die Klangvorstellung ausser Acht zu lassen. Ferner spricht sie von der Beteiligung der Kopfstimme, woraus sie selbst ihr unübertroffenes, berückendes Pianissimo gezaubert hatte. Was also aus den letzten Kapitel hervorgehen wird, soll die Gegensätzlichkeit von verschiedenen Techniken oder verschiedenen Anschauungen im Gesang betonen, diese jedoch nicht bewerten und gegenseitig ausschliessen.

ES FÜHREN VIELE WEGE NACH ROM

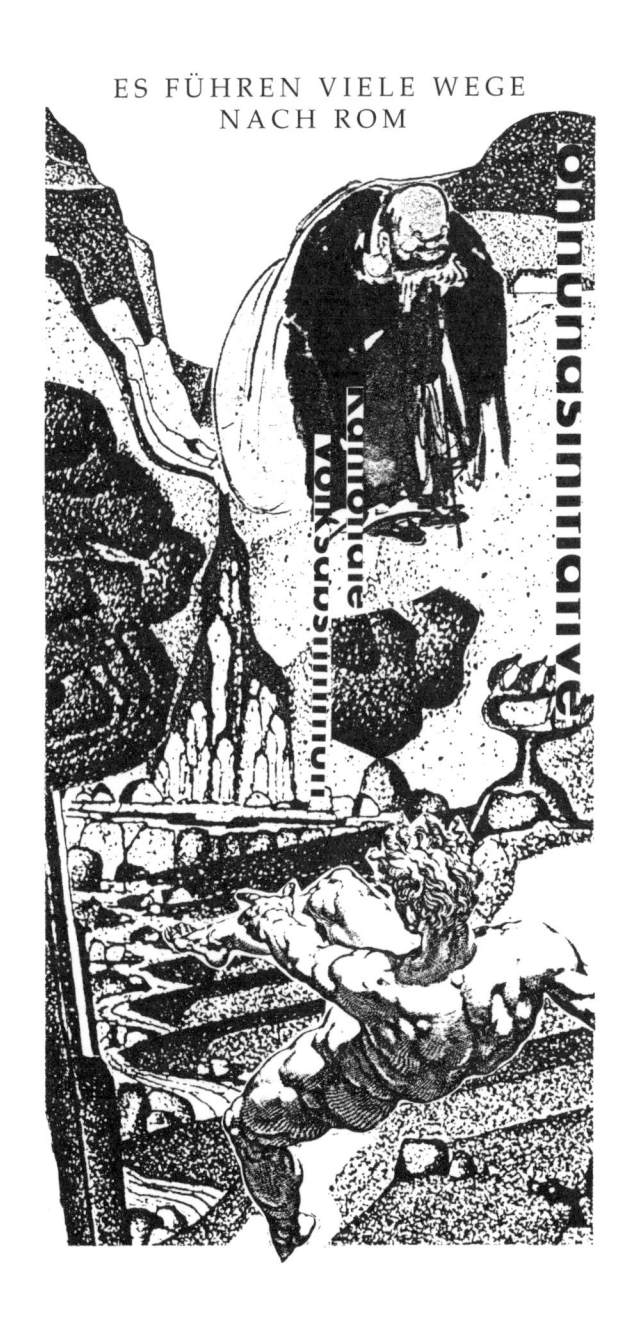

Ach könnt ich dorthin kommen,
Und dort mein Herz erfreun,
Und aller Qual entnommen,
Und frei und selig sein!

Heinrich Heine
Robert Schumann/Liederkreis Op. 39

Der wohl grösste Unterschied bei den verschiedenen Techniken besteht im Führen des Atems. Man erinnere sich, was ich nach der ersten Stunde aufgeschrieben hatte:

Man atme *ein*! Die Luft wird zuerst nach hinten in die Flanken geleitet *indem sich die Bauchdecke*, ungefähr zwei Finger breit unterhalb des Bauchnabels, wo auch die geistige Mitte des Körpers sich befindet, *durch eine Bewegung nach innen neigt, um wieder, nachdem die hinteren Lungenflügel gefüllt sind, entspannt nach vorne zu kommen – man füllt auch den vorderen Teil der Lungen*. Es soll darauf geachtet werden, immer bei der Tiefatmung zu bleiben. Gleichzeitig zum Atemvorgang muss der Rachen in "Gähnstellung" für den folgenden Vokal vorbereitet werden, respektive der weiche Gaumen gehoben sein. Der Mund soll durch den Gedanken an die erste Konsonant-Vokal-Folge vorgeformt werden. Nur so gelingt der Ansatz auf Anhieb sauber. Dies alles muss zuerst mit dem inneren Auge gesehen und auch danach stets kontrolliert sein. Beim *Aus*atmen, respektive dem Gesangsvorgang an sich, geschieht wieder dasselbe. *Die Bauchdecke geht nach hinten – die Luft kann jetzt dosiert ausströmen. Das Ganze soll "breit" gedacht werden, damit die durch die Weite des Brustkorbs herbeigeführte Freiheit des Zwerchfells gewährleistet bleibt. Erst allmählich wird auch die "hintere Luft" vollständig verbraucht.* Man beginne den Vorgang wieder von neuem.

Im Buch der schon erwähnten Gründerin der Sommerakademie, finden wir eine ausführliche Beschreibung der "anderen" Technik, die wohl auch die Professorin unserer Sommerakademie als die *einzig richtige* bezeichnet. Die grundlegenden Unterschiede zu unserer Auffassung habe ich der besseren Ersichtlichkeit halber in kursiver Schrift gestaltet:

«Der Blasebalg muss sich mit der flachen Seite zwischen Bauch und Brust, mit der Breitseite nach vorn, mit der Spitze nach hinten zu liegend gedacht werden. Der oberste Handhebel als Kehlkopf, der unterste als Zwerchfellhandhabe, die beide gegeneinander zu arbeiten haben um die im Blasebalg befindliche Luft nach hinten zu befördern, von wo sie durch den Kehlkopf strömend von Zunge und Gaumen ihren Zielen zugeführt wird. *Ich ziehe den Bauch schnell ein, wobei sich die Brust hebt* (!), die von den untersten Rippen gestützt wird, und öffne den Mund, der offenstehen bleibt, als wolle ich zu sprechen anheben, und dem im Augenblick des Anstosses vom Zwerchfell aus ein Teil überflüssiger Atem entflieht. *Der noch vorhandene Atem aber bleibt plötzlich still stehen; er wird erst lebendig, wenn Ton und Wort beginnen.* Auch die Nasenflügel hatten sich gebläht. Das ist die ganze Vorbereitung. ... Der weiche Gaumen hebt und breitet sich, sobald die Nasenflügel dasselbe zu tun anstreben. ... In der Gesangskunst beruht – wie beim Turnen und Tanzen – alles auf Muskelspannung und Gegenspannung; Hemmungen, wie sie auch Geist und Körper zu eigen sind. – Sämtliche Körper-, Gesichts-, Hals- und Ohrenmuskeln müssen erst konzentriert zueinander stehen – ich hänge meine Gesichts- und Halsmuskeln allesamt über die Ohren; dorthin ist mein Höhenziel –, ehe die eigentliche Bewegungsarbeit einsetzt. *Der vorher eingezogene Bauch wird während des Singens losgelassen oder auch nur erweicht; der Atem bleibt im Brustkorb an den Brustmuskeln der Atempresse erhalten.*»

Sie spricht also von der Atempresse oder einem *Stauwerk*, aus dem nur die nötigste Luft zu entweichen hat: «*Der Kehlkopf drängt mit der Vokalspannung den Atem an die Brustmuskeln und die Atempresse hinunter, den das Zwerchfell mit seiner Gegenattacke hinaufbefördert, und beide treffen sich am Stauwerk. Dem hier hoch gehaltenen Atem entweicht aber nur ein schon gebändigtes, kleines Teilchen aus dem Stauwerk auf einem Nebenwege durch Luftröhre und Stimmbänder, welche ihn nochmals kontrollieren.»* «*Das Zwerchfell wird also nicht angetrieben, nur ruhig gehalten als Stütze des Tones*, kann aber auch vorsichtig beim Atemabnehmen erweicht werden.» Später: «... während das Aufblasen der Brust, der durch direkte Atemauspressung gebildete Ton der Ruin jeder Stimme, jedes Wohlklangs und jedes seelischen Ausdrucks ist.»[23]

Die eine Lehrerin spricht also vom *Stauwerk* des Atems und macht eine Pause zwischen Ein und Aus. Unsere Auffassung spricht vom nach Erfüllung strebenden *sofortigen* Aus und vergleicht mit dem Mühlrad, bei dem das Wasser auslaufen muss, sobald es auf dem Scheidepunkt angelangt ist. Bei der einen entsteht durch den Stau eine Luft-*Säule*, welche auf dem "Teller", nämlich dem Zwerchfell *steht*, während die andere auf das *strömende* Ausfliessen des Atems, das durch die Bauchdecke dirigiert und reguliert werden kann, Wert legt; sie spricht vom Zwerchfell, das frei schwingen kann, weil der Raum dafür durch die Weite des Brustkastens im Bereich der untersten Rippen gewährleistet ist und von einem stetigen Ein und Aus, wie beim Wasser des Mühlrades. Um auch auf die geforderte Klangvorstellung eingehen zu können, vergleichen wir Aufnahmen meiner bisherigen Meisterin mit jenen der Professorin der Akademie und stellen fest, dass durch die *stehende* Klang*säule* ein engeres natürliches Vibrato entsteht. Jenes, aufgrund des frei schwingenden Zwerchfells durch die Flankenatmung meiner bisherigen Meisterin, bei welcher der Atemstrom anders geführt wird, könnte man als "weiter" bezeichnen. Die Flankenatmung ist somit keinesfalls ein "Aufblasen der Brust", wie es in erwähntem Buch beschrieben wird, und der Atem wird nicht aus*gepresst*, sondern strömt nach einiger Übung eben von selbst hinaus, «als ob man geatmet würde». So kann auch nicht die Rede von einem Ruin der Stimme oder gar des seelischen Ausdrucks sein. Einen Vorteil für den Anfänger hat jedoch die sogenannte "italienische" Technik: die Gefahr eines Hochrutschens des Kehlkopfes scheint mir kleiner zu sein, weil durch die stehende Säule weniger Atemdruck entsteht. Umgekehrt muss ein Weg zum Belassen des Kehlkopfes in seiner natürlichen Lage, also fast eine Gegenbewegung zum Atem, gefunden werden. Dies ergibt aber meiner Meinung nach den kompakteren, offeneren Klang, für den meine bisherige Meisterin berühmt war. Sie erzählt immer von achtundneunzig Prozent im Aufnahmestudio gemessener Schwingungen ihrer Stimme, wenn andere normalerweise etwa deren fünfundneunzig aufbrächten. Das sind Beckmessereien, doch war die Weise des Atems meiner Meisterin seinerzeit die Lösung meines Problems bezüglich der Intonation während des ersten Meisterkurses. Das hatte mich ermutigt, den Weg mit ihr zusammen weiterzugehen.

"Es führen also viele Wege nach Rom", und natürlich findet jeder seinen eigenen Weg den richtigen, sonst wäre er ihn ja nicht gegangen. Doch es ist nicht falsch, sich auch mit den anderen Möglichkeiten zu beschäftigen, um diese als ebenfalls vorhanden zu akzeptieren. Das ist eines der grossen Probleme zwischen Gesangslehrern. Es gibt Dinge, die grundlegend falsch sind, weil das Ergebnis es bestätigt. Es gibt aber auch Dinge, die nicht falsch sind – auch wenn sie im Moment noch so tönen –, da sie noch nicht ausgereift sind, und das ist bei Schülern natürlich oft der Fall. Die Kunst des Lehrers ist es, zwischen diesen beiden zu unterscheiden.

Ich möchte die Kraft haben, das zu verändern, was im Bereich des Möglichen liegt, die Gelassenheit zu akzeptieren, was unabänderlich ist, und die Weisheit, das eine vom anderen zu unterscheiden.

Der andere neue Begriff, respektive die Technik dahinter, interessiert mich mehr: "coprire la voce", was die Professorin auch nicht selbst erfunden hätte, wie sie scherzend, doch ernsthaft meint. Sie weist mich aufgrund meiner offenen, klaren Stimmgebung darauf hin, ich müsse mich entscheiden, ob ich wie ein Tenor oder wie ein Bariton singen wolle. Da mich viele Leute wegen des Klangs, aber ohne Kenntnis der genauen Lage meiner Registerwechsel für einen Tenor halten, erweckt der Einwand meine Aufmerksamkeit. Wenn ich in dem Schema mit den Vokalvorschriften von Frau Professor noch geschrieben habe, die oberen Zähne müssten bei allen Übungen sichtbar sein, so meint die Professorin der Sommerakademie mit dem Decken der Stimme eine besondere Formung der Oberlippe. In der lachenden Stellung, bei der normalerweise die obere Zahnreihe zu sehen ist, soll die Oberlippe nach unten und nach vorne geschoben werden, was die typische "Schnute" aller berühmten Sänger ergäbe. Tatsächlich wird dadurch der Ton, dessen Luftstrom sonst via gehobenem weichem Gaumen direkt nach vorne, quasi "durch" die obere Zahnreihe entweicht, umgeleitet, respektive wegen des differenten Schalltrichters verdunkelt. Die Professorin lächelt zufrieden ob der Fähigkeit so schnell auf das von ihr Verlangte eingehen zu können. Ich erkläre ihr, meine Lehrerin habe stets ein "Sehen" der Dinge dem einfachen Ausprobieren vorgezogen, worauf die Professorin der Meisterin ein grosses indirektes Kompliment für deren Arbeit macht. Auch sie ist jedoch mit den erlernten Formvorschriften der Vokale, speziell mit jenen "breiten" von *e* und *i*, nicht einverstanden. Mit der erforderlichen detaillierten Konzentration ist es jedoch kein Problem, darauf einzugehen. Auch die "Schnute" gelingt mit einiger Übung bald. Da ich für meine allerersten Gehversuche beim Gesang, noch bevor ich Frau Professor traf, einen Lehrer hatte, der mir eine ganz dunkle Baritonstimme zimmern wollte, und ich mich gut an das damals Erlernte erinnern kann, glaube ich auch, dem von der Professorin verlangten «coprire la voce» ohne grössere Probleme auf den Grund gehen zu können. Ich übe dies nun fleissig.

Nach ein paar Monaten, dem Anhören einer Probeaufnahme und dem direkten Vergleich mit Aufnahmen, welche ein halbes Jahr früher entstanden, bin ich erstaunt über das Ausmass der Veranderung, ohne diese als "Fortschritt" bezeichnen zu wollen. Die Stimme tönt jetzt baritonal, dunkler, nobler, aber ich empfinde nebenbei eine gewisse Maniriertheit in diesem Klang. Wahrscheinlich sollte ich jetzt alle gewonnenen Erkenntnisse miteinander vermischen und den Gegebenheiten anpassen, sollte schöpfen aus den farblichen Möglichkeiten, sollte alle meine Klangvorstellungen zum Tragen kommen lassen – auch im täglichen LEBEN!

Es ist schön, auf dem *Weg* zu sein.

Er liess die Dichtung tönen
Und reden die Musik.

Franz Schuberts Grabinschrift

NACHKLANG

Geraume Zeit ist vergangen, das Rad der Weltgeschichte dreht sich schnell, schnell und schneller vielleicht, zu schnell wahrscheinlich, und immer mehr zeichnet sich ein echtes Bedürfnis nach innerem Halt in einer zunehmend halt- und haltungslosen Umgebung ab. Demokratische Wahlen in der Welt geraten mehr und mehr zu Protestwahlen, Altes wird verworfen, Neues jedoch ist nicht in ausreichendem Umfang in Sicht. Arbeitslosigkeit, Wirtschaftskrisen herrschen allenthalben, Rechtsradikalismus (noch) kleiner Randgruppen lässt dunkelste Erinnerungen an unweite Vergangenheit wach bleiben, stösst aber glücklicherweise auf Protest hunderttausender friedliebender und -suchender Menschen, in Deutschland und in anderen Ländern Europas. Die ursprünglich friedliche Umwälzung des Kommunismus jedoch endet in grauenvollen Bürgerkriegen mit Denkschemen aus dem Mittelalter, zerstört den Balkan und Teile der ehemaligen Sowjetunion; wir stehen ratlos und erschüttert daneben. Auch für die Natur scheint vielerorts die Gnadenfrist überschritten zu sein: sie wird systematisch vergiftet, gerodet, verbrannt und leergefischt. Proteste nützen wenig. Die Geld- und Machtgier ist zu sehr verwurzelt, auch in vielen Köpfen derjenigen Welt im fernen Osten, aus der wundervolle Wahr- und Weisheiten stammen, welche ich in diesem Buch mit unserer eigenen wertvollen Kunsttradition in ein Verhältnis zu setzen gesucht habe.

Noch immer gibt es eine Hoffnung, die Hoffnung vielleicht auf einen Evolutions*sprung* in der Geschichte der Menschheit, die sich bisher konstant aber stets sehr langsam entwickelt hat. Und speziell in unserem bald zu Ende gehenden Jahrhundert, ja sogar Jahrtausend, konnte die geistige Entwicklung unserer Spezies nicht mehr mit der materiellen mithalten; ja, man ist geneigt zu fragen, ob sich die geistige Entwicklung nicht sogar zugunsten einfacher, bequemer, normierter, schubladenhafter Denkschemata rückwärts entwickelt hat. Vor lauter wissenschaftlich durchleuchteter Staubkörner sehen wir die *unfassbare* Weite der Wüste nicht mehr. Tatsächlich habe ich aber das gute Gefühl, immer mehr Menschen interessierten sich für wahre Qualitäten im Umgang mit dem *Anwesenden*, dies alles käme nur zuwenig zum Tragen, es bräuchte jedoch ganz wenig zu einer umfassenden "Erleuchtung" der Menschheit, ganz im Sinne des Prologs, und dies ergäbe, möglicherweise, einen solchen Evolutionssprung?

Wir können nicht die Welt verbessern, wir können nur uns selbst bessern, aktiv. *Caminante no hay camino, hace el camino al andar*.[24] Einen Weg beschreiten; dieser Weg wird zum WEG, indem man ihn geht! Und so gibt es kein Ziel, der WEG wird zum Ziel, aber die Wirkung wird eine andere sein. Einklang.

Das versuche ich nun meinen eigenen wenigen Schülern mitzugeben. Ich habe versucht, wach zu bleiben, die Wechselwirkung des Gesangs unseres Kulturkreises mit derjenigen der fernöstlichen Religionsphilosophie, welche uns die Meisterin wohl eher unbewusst vermittelt hat, selber auszustrahlen, auf dass dies auch die Schüler eines Tages tun würden. Ich finde das deshalb so wichtig, weil vielleicht einer von hundert Schülern fähig sein wird, einen "Spitzensport" wie der Gesang in unserem klassischen Sinne es ist, beruflich auszuüben. Es braucht so viel dazu! Für die anderen wünschte ich, dass sie durch das Aufschliessen der Stimme zu ihrem wahren Selbst stössen und dies, still leuchtend, leben würden.

Durch einen Zu-fall geriet mein "Compu-Skript" in Verlegerhände und kann nun, unter denkbar besten Bedingungen, einer bescheidenen Leserschaft zugänglich gemacht werden. Es bleibt mir nur noch zuschauen, wie aus den losen Seiten das wird, was ich nicht einmal zu träumen gewagt hätte: ein wunderschönes, kleines Buch. Dank gebührt meinem Lektor, Hans Laube, der sich trotz seiner neuen Tätigkeit am Schauspielhaus die Zeit genommen hat, mit mir daran zu arbeiten. Dank auch meinen stillen Gönnern – sie wollen nicht genannt werden – auf deren Freundschaft und Unterstützung ich stets zählen konnte. Ich danke zudem meinem Weggefährten, durch den sich die Musik in so vielen ergreifenden Aufführungen äussert, Menschen rührt, und mit dem ich ein wunderschönes Zuhause geniessen darf, hier und dort.

EPILOG

«««Ein Zen-Mönch geht spazieren und sieht einen anderen Mönch, der im Lotossitz, mit schmerzenden Knien und eingeschlafenen Füssen, stundenlang meditiert. Der Zen-Mönch fragt ihn, warum er sich so quäle. «Um Buddha zu finden», sagt der andere. Nun fängt der Zen-Mönch plötzlich an, einen Feldstein an einem Fels zu reiben. Der Mönch im Lotossitz vergisst seine Meditation und schaut dem anderen eine Stunde lang zu, dann fragt er ihn nach dem Grund seines Tuns. «Ich will einen Spiegel machen», erwidert der Zen-Mönch. Darauf nennt der andere ihn einen Dummkopf. «So könne er nie und nimmer einen Spiegel machen!» Worauf der Zen-Mönch fragt: «Und wie kannst du glauben, durch deine schmerzhafte Sitzweise je Buddha zu finden?»»[23]

ANHANG

Merkblatt und Skizze aus dem Kapitel «Vom Atem ausgehend»

Sprachübungen:

In Ulm um Ulm und um Ulm herum.

Da du dir den Dank durchdacht, den Dido durch den Dolch erduldet.

Tropf, Trost, Trug, Träume Tropfen, Trotz, Trommel Truppe, Truppe, Traum, treu, trüb, träge, traun.

Treflicher, trotziger Tropf, irrender Ritter, verwirrender Brief.

Auch wer ein richtiges r bildet, versäume nicht, die r-Übung vorzunehmen. Es fördert nicht nur die Kraft der Zungenspitze, sondern auch die der ganzen innern Mundhöhle.

<u>r als Anlaut:</u>
Rhein Reich reif Reim rauh ruck rund Rost rollt rot Ruf.
<u>r als Inlaut:</u>
fahren spornen gären kehren Herzen Zerren Karren Harren girren klirren.
<u>r als Abschluss:</u>
Jahr Paar Haar Teer sehr Meer Mohr vor Chor wer der schwer mir dir vier Chur Spur Schur.

Saure Trauben rauschen und raunen. Maurische Frauen, trauter Brauch , braungraue Mauer, rauhe Bauern, traurige Braut, raubende Zentauren, rauchiger Raum, schauriger Traum.

Zu merken:

- In keiner Kunst gibt es so viele Möglichkeiten den Hörer zu täuschen, wie in der Gesangskunst.
- Die Stellung vom s muss ich beibehalten, bis ich keine Luft mehr habe. Das s muss so hoch eingestellt sein, dass ich meine beiden oberen Gesichtsmuskeln sehe und spüre. (Backen)
- Beim Sprechen wie beim Singen bleibt die Gähnstellung stehn. Mundraum vorformen fürs kommende Wort. (Vokal)
- Der Atem (Luft) muss immer hinter dem s bleiben.
- Die Aussprache, seien es die Konsonanten oder Vokale, dürfen nie dem Klang im Wege stehen, das heisst den Mund immer korrekt einstellen für die Vokale.
- Die obere Lippe dirigiert immer die untere Lippe. Die obere

Lippe mehr nach vorn denken als die untere, bei allen Vo-kalen.
- Man muss stark das Gefühl haben, dass die oberen Lippen die Sprache sprechen.
- Nichts ist dem Organ verhängnisvoller, als eine verkehrte Nasalität.
- Kunstgesang bedingt ein Singen vom Kopfe aus, durch die Kraft der Sprache.
- Die Mundhöle als Resonator: Der Mundraum ist eine Halle mit doppelter Schalldecke. Seine Akustik ist ein Wunderwerk der Natur.

*

Soweit das Merkblatt. Als Anleitung zu den Sprachübungen fügt Frau Professor gleich noch hinzu, jeder Vokal habe seine Formvorschrift: *e* und *i* seien grundsätzlich in einer "lachenden, horizontalen" oder "breiten" Stellung auszusprechen, *a* und *o* in einer "lachenden, ovalen, eher vertikalen" oder "langen" Stellung:

Formvorschriften der Vokale

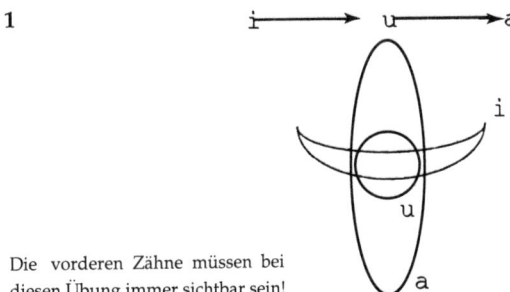

1

i⟶ u⟶ a

Die vorderen Zähne müssen bei diesen Übung immer sichtbar sein!

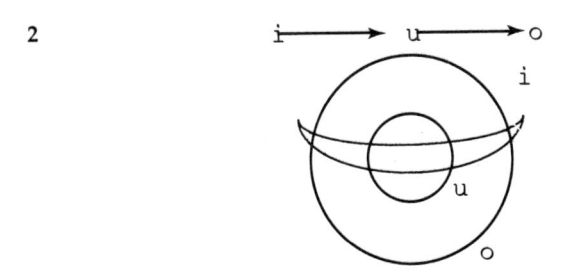

2

i⟶ u⟶ o

Anmerkungen und Bibliographie

1   Taisen Deshimaru-Roshi: Za-Zen. Die Praxis des Zen, Werner Kristkeitz, Leimen.

2   Karlfried Graf Drückheim: Der Ruf nach dem Meister, Otto Wilhelm Barth bei Scherz, Bern und München 1975.

3   Cornelie van Zanten: Bel-canto des Wortes. Lehre der Stimmbeherrschung durch das Wort, Chr. Friedrich Vieweg, Berlin 1913.

4   Frederick Husler, Yvonne Rodd-Marling: Singen. Die physische Natur des Stimmorganes. Anleitung zum Aufschliessen der Singstimme, B. Schott's Söhne, Mainz 1965.

5   Das unter Fussnote erwähnte Buch *Singen* geht auf den Seiten 21-25 und in Kapitel 13 differenziert auf das Thema Sprech- und Singstimme ein. Man merkt allerdings, dass unsere Aussage nicht genau mit dem wissenschaftlich Erforschten übereinstimmt, womit einmal mehr die Differenz aus bewährter Praxis und theoretischem Wissen deutlich wird. Ausserdem entspricht das ganze Kapitel über das Training des Atems nicht unseren Vorstellungen.

6   Eugen Herrigel: ZEN in der Kunst des Bogenschiessens, Otto Wilhelm Barth bei Scherz, Bern und München 1951.

7   Robert Schumann, Dichterliebe, *VI. Schöne Fremde.*

8   Johannes Brahms, Op. 43 Nr.1, *Von ewiger Liebe* .

9   Romeo Alavi Kia: Stimme - Spiegel meiner Selbst. Ein Übungsbuch, Aurum, Braunschweig 1991.

10   Zitat aus: ZEN in der Kunst des Bogenschiessens von Eugen Herrigel, O.W.Barth bei Scherz, Bern und München 1951.

11   Erich Fromm, Daisetz Teitaro Suzuki: Zen-Buddhismus und Psychoanalyse, shurkamp, Frankfurt am Main 1971.

12   Karl Dedecius: Rede zur Verleihung des Friedenpreises des Deutschen Buchhandels 1990. In: Frankfurter Allgemeine Zeitung, Herbst 1990.

13   So geschehen im Juni 1991 in der Inszinierung eines berühmten Regisseurs der *Nozze di Figaro* in Leipzig.

14   Vgl. *Sonderband John Cage I*, Musik-Konzepte. Die Reihe über Komponisten, Edition Text & Kritik GmbH, München

15   Claude B. Levenson: Die Vision des Dalai Lama, Benziger AG, Zürich 1991.

16   Heinrich von Kleist: Traktat *Über das Marionettentheater*, Philippe Reclam jun. GmbH & Co., Stuttgart 1984.

17   Zitat aus: ZEN in der Kunst des Bogenschiessens von Eugen Herrigel, O.W.Barth bei Scherz, Bern und München 1951.

18   Aus: Grundlagen einer schöpferischen Musikerziehung von Heinrich Jacoby. Eine Rede, gehalten anlässlich der Kunsttagung des Bundes entschiedener Schulreformer in Berlin am 5. Mai 1921.

19   Zitat aus: ZEN in der Kunst des Bogenschiessens von Eugen Herrigel, O.W.Barth bei Scherz, Bern und München 1951.
20   Franziska Martiensen-Lohmann: Der wissende Sänger, Atlantis Musikbuch - Verlag AG, Zürich 1956 / 1988 und von der gleichen Autorin: Ein Leben für die Sänger, Atlantis Musikbuch- Verlag AG, Zürich 1989.
21   Franz Schubert, Wiegenlied, Op. 98, Nr.2, D 498. Dichter unbekannt.
22   Dietrich Fischer-Dieskau: Auf den Spuren der Schubert-Lieder, F. A. Brockhaus, Wiesbaden 1974.
23   Lilly Lehmann: Meine Gesangkunst, Bote & Bock, Wiesbaden 1922, 3. Auflage.
24   Musik von Joan Manuel Serrat.
25   Andreas Brannasch in *DAO* Nr. 5/1992.

Kurzbiographie

Bruno Vittorio Nünlist, geboren 30.10.1965, als Enkel des Kommandanten der päpstlichen Schweizergarde von 1957 - 1972 vor prägendem Hintergrund eines Machtzentrums mit Namen *Vatikan* aufgewachsen, beschäftigt er sich heute intensiv mit der Suche nach einer für ihn echteren Spiritualität. Er studierte während dreier Jahre bei Maria Stader Gesang, war 1988 und 1991 Gewinner zweier Studienpreise der schweizerischen Migros- und Ernst-Göhner-Stiftung. Meisterkurse bei Edith Mathis in Davos, bei Elisabeth Schwarzkopf am Mozarteum Salzburg und an der Internationalen Hugo-Wolf-Akademie in Stuttgart. Weitere Studien bei Jakob Stämpfli und Irwin Gage.

Während des ganzen privaten Studiums arbeitete er bei verschiedenen Banken und als Sekretär eines Schweizerischen Parlamentariers und Rechts-Professors.

Sein bisheriges Hauptinteresse gilt dem Liedgesang. Er ist nun im Aufbau einer Konzerttätigkeit im In- und Ausland. Bruno Vittorio Nünlist lebt und unterrichtet in Zürich und im Tessin.

Die Abbildungen sind Collagen. Als Vorlagen dienten u.a die Zeichnungen aus der in 1981 geplanten Veröffentlichung *Archaische Bauformen in Hindukusch* von Dieter Illi, Zürich.

' 1993 by Edition Tamas Boga
8038 Zürich, Honrainweg 7
Alle Rechte vorbehalten
Printed in Switzerland
ISBN: 3-85524-009-4
Gesamtgestaltung, Satz und Illustrationen:
Edition Tamas Boga
Satz: Palatino aus Page Maker 4.0
Druck und buchbinderische Verarbeitung:
Huber Druck, Dübendorf